大展好書　好書大展
品嘗好書　冠群可期

作 者 像

出版說明

　　北京陳式太極拳研究會會長馮志強承著名太極拳家陳發科先生之嫡傳，集幾十年體用之眞諦，經多年敎學實踐，創編了一系列簡潔洗煉、運動量適中的陳式太極拳拳械套路；併取傳統套路精華，融內家養生功法，總結了一套由易到難、由簡到繁、練養結合、內外雙修的太極內功修煉法和由各種跌打擒拿動作組成的太極散手技擊法。按照這些方法進行練習，可以少走彎路，不出偏差。

　　爲了進一步推廣和普及陳式太極拳這一古老的優秀拳種，本書重點介紹馮先生創編的四十八式太極拳套路。此套路演練起來高潮迭起，令人意趣環生，習練之後倍感心曠神怡、通體舒泰。經國內外的太極拳輔導站、太極拳協會向廣大太極拳愛好者介紹、推廣後，練習者均有「易得內氣、易長內勁、易增內功」之同感。故此，我們特將它介紹和推薦給廣大熱愛太極拳運動的讀者。

〈珍貴本〉圖書修訂本訂明

　　我社建社四十餘年，出版了許許多多深受讀者歡迎的圖書。這些書一版再版，顯示出蓬勃的生命力。書是人類的良師益友，體育圖書更是體育愛好者、體育工作者的摯友。爲了使廣大讀者與自己鍾愛的圖書相隨，我社精選了一批優秀圖書，根據讀者的反饋意見對其中部分圖書的內容和書名進行了修訂和更改，並重新設計裝幀，作爲〈珍貴本〉奉獻給讀者。相信這些珍貴本定然會進入人們的雅室，使新、老讀者開卷有益。

人民體育出版社

為弘揚中華武術著書立說

徐　才

　　馮志強先生積數十年習武傳武經驗，在進入花甲之後，寫成《陳式太極拳精選》，這真是令人高興和值得贊美的事情。

　　在中華武術的百花園裡，盛開著眾多拳種的璀璨花朵。這些花朵在能夠形成強大群體的武術園丁精心澆灌下格外綺麗，散發出中華民族悠久文化的芳香。如今，中華武術的種子傳播到異國他鄉，在不少國家和地區已經綻開鮮艷的花朵。

　　人們看到武術走向世界的美景，會不期然地向愛我中華、振我武術的園丁——教練員、教師、拳師、運動員和武術工作者致以深切的敬意！

　　在中國的歷史長河中，武術雖然紮根民間，枝葉繁茂，但由於長期封建社會的制約，武術的媒介主要是口傳心授，多少精闢的觀點和精湛的技術，理論化、圖書化的程度十分不足。這是武術理論系統化和武術技術規範化中的一個不小的薄弱環節。

　　在信息社會的當今世界，人們對武術的追求，尤其是異域他國的外籍人對武術的追求首先是透過報導、雜誌、圖書、錄相和影視等信息傳遞手段知之習

之。因此，有經驗的武術家把自己擅長的技術和傳授的心得整理出來，形成文字，實在是一件可貴的舉動。

爲了弘揚中華武術這份寶貴文化遺產，希望武術百花園的園丁們拿起筆來著書立說。也希望出版界、影視界的同志出版和製作更多更好的圖書和影視節目，加快武術走向世界的步伐！

1988 年 8 月於北京

前　言

　　我自幼便隨同鄉拳師習少林椿功、達摩易筋經，其後幾易師門，學習形意拳、通臂拳，於 20 歲上投在陳公發科門下，得益匪淺。我深愛太極拳理精法密，故四十年來勤習不輟，雖如此，至今猶覺「太極」二字奧秘難窮。

　　在此謹將自己對太極拳的點滴認識和研練體會公諸於眾，尚祈有識個中真竅之同道不吝賜教是幸。

　　在本書的編寫過程中，曾得到郭永鎮、薄世勛、沈魯釗、王鳳鳴等同志的協助，在此一併表示謝忱。

馮志強
1988 年 8 月

目　錄

（一）怎樣練好太極拳

　　要練好太極拳，於理須明無極、太極的含義，於拳則須在理的指導下運動手足，經過長時間的鍛鍊方能成功。

　　太極者，無極而生，陰陽之母也。無極之義，無形無象，無聲無臭、空空洞洞、混混沌沌，無一物而含萬物。由無極而現有機，遂太極生焉。無極一動即是太極，太極成時必分陰陽，動靜便是陰陽，陰陽便是太極。

　　若將太極之本義引伸開去則無處不在——廣之堪比宇宙，狹者可喻人身，均無不恰如其分。古之學者將太極之形狀虛擬為一碩大無朋的圓球，其內中陰陽旋轉，互相調濟以滋生萬物，並將其形諸於圖，這便是相傳至今的太極拳圖的由來。

　　若將無極、太極之理借喻人身，則人身亦為一小太極，這小太極中的陰陽代表即為心、腎。心屬火在上為陽，腎屬水在下為陰，透過太極拳的練習，使心火下降，腎水上升，心腎相交，水火既濟，陰陽調和則百病不侵。

　　宇宙之中陰陽相生以至生生不息。陰陽互濟又生三才。三才者天、地、人也。上天下地人居其間。將此三才之義借喻人體則有三身之謂。三身即精、氣、神。精足、氣滿、神聚方為健康之相。精、氣、神之舍為三丹田。上丹田為天門

（百會穴），下丹田為地戶（會陰穴），中丹田為氣海。天門主神，地戶藏精，氣海蘊氣。

精、氣、神乃生命之根，造化之源。當太極拳練到功形圓滿時，凌神於天門則身輕如羽，凝神於地戶則沉重如山，注神於氣海則可得其中和之道。

練太極拳必先求無極。這是修煉太極內功的基礎。拳訣云：「練拳先從無極始，陰陽開合認真求。」練拳之前站無極樁，可漸使自己心定神安，繼而便可感覺到體內如同虛空無物地一般，兩腿負載之感也隨之盡消。待至虛至靜時，復有一點靈犀生於氣海之中，氣動則太極生。要息氣寧神地在若有若無、若實若虛、勿忘勿助中擇其中和之道而行之，在無形之中漸漸感而遂通，則功力、靈氣與日俱增。意念、感應靈通一氣，漸臻妙境。綜觀練習無極站樁的益處如下：

一能靜養靈根，培植本元；二能養氣養性，氣滿丹田實；三能內外嚴整，沉力重生，固若磐石；四能身心共靜，周身虛靈，掤勁自然而生。

先站無極樁後練太極拳為「先求無極後成太極」。練習太極拳應注意以下幾個問題：

1. 練拳時尤要注重以心行氣，以氣運身，逐步達到煉精化氣、煉氣化神、煉神還虛、虛至虛靈的效果。若能細細體察其中奧秘，功必大進！

2. 用勁要剛柔相濟、陰陽參半。太極拳的用勁要符合太極拳剛柔相濟的練功原則，既不能過於柔軟，也不可偏於堅剛。柔軟無力難以長功，堅剛過度則難養氣血。故此必須循陰陽中和、剛柔參半之路徑習練方可得「太極勁」。

3. 不可用拙力。周身肌肉緊張，對於用力部位和著力點

不加選擇的盲目用力為「拙力」。練太極拳絕不可用拙力。若用拙力，則周身血脈不能通順，筋骨不能舒暢，以致全身拘謹，四肢不活。身為拙氣所滯，滯於何處則何處成病，當時不覺，必於後發。在推手中若用拙力，必為能手所乘，以致傾跌。若雙方均用拙力，必發生頂抗的毛病，不能體現太極拳沾、連、黏、隨之特點。

4. 練拳亦不可努，努則力剛易折，且氣易阻隔於胸，肺被排擠，久之必得胸憋肺炸之病。

5. 練拳不可挺胸、收腹、突臀。否則氣逆行而上，不能歸丹田。氣血上衝則雙足似萍草無根，心腎不交，水火不濟，陰陽不和。久之會影響健康。

6. 練拳不可心存打人之念，以求速成。否則必為神氣所拘，好勇鬥狠而失心和。更有每日苦下功夫練數十遍拳者，亦不知已變運動為勞動，變養中長為疲中傷，久之五勞七傷與身俱存，稍有病痛便齊發而至，是為大害！學者尤須牢記。若氣順力活，虛心實腹則道心自生，久久行之身健功增，瓜熟蒂落，水到而渠成。

7. 練好太極拳，還要懂一點經絡學。經絡發源於臟腑，布於肢體。經絡暢通則百病不生。概內氣發於丹田（氣海），貫於經絡之中，通過旋臂轉脊，纏繞運行與腰隙內腎的左右抽換，使內氣流布周身而達於四梢，復歸於丹田。太極陰陽之理結合經絡學說，二者相輔相成，互為表裡。

明白了上述道理並付諸實踐，才能在練拳時逐漸做到內外相合、上下相隨，周身一家。以心行氣，使氣不離丹田（開時氣行周身，合時出腎入腎、任督相交），渾灝流行，一氣呵成。

（二）太極內功基本修煉法

　　氣是一種極細微的物質，是構成世界萬物的本源，是宇宙萬物生生化化的根本。生物的化生、生長、繁殖、死亡，都是由於氣在起著決定性的作用。東漢時代的著名學者王充說：「天地合氣，萬物自在。」說的就是氣生萬物的道理。包括地球在內的星球，都是生活在氣裡，氣之大可知矣。

　　中國醫學對氣的記載最早見於《內經・靈樞・訣氣篇》「上焦開發，宣五穀味，熏膚、充身、澤毛，若霧露之溉是為氣。」其含義是：從胸中上焦部分宣發，通達於全身，布散食物的精微，溫煦皮膚、充實形體、潤澤毛髮，像霧露灌溉著草木一樣的物質叫做氣。

　　人體的氣，主要成分有三：先天的腎氣亦稱元氣，後天的水穀精微之氣簡稱穀氣，口鼻吸入的空氣亦稱清氣。這三種氣混合在一起共同發揮充養全身的作用。

　　由於氣的來源和生成成分不同，反映在人體內的功能作用不同，氣分布的部位不同，所以氣也有各種不同的名稱。正如明朝的醫學家張景岳所說：「氣在陽即陽氣，氣在陰即陰氣，在胃曰胃氣，在脾曰脾氣，在裡曰營氣，在表曰衛氣，在中焦曰中氣，在上焦曰宗氣，在下焦曰元氣。」現就與太極氣功關聯密切的幾種氣的來源與功能分述於下：

1. 元氣　元氣即原氣也，可知其為生命之原。元氣包括元陽之氣與元陰之氣。元氣稟受於先天，由先天之精氣所化生，所謂「精氣」是指人在有生之初的那一點胎兒孕育的基礎，它來自父母。元氣賴於後天營養才能發揮作用。

元氣要依賴三焦之道通達全身，具有激發和推動五臟六腑等一切器官組織發揮功能的作用，是維持人體正常生長與發育的原動力。

五臟六腑之氣的產生都源於元氣之資助，因此元氣充足則臟腑功能強健，身體也就健康；如果先天稟賦不足，或久病損傷元氣，則臟腑氣衰，身體虛弱，抗邪無力而發生疾病。練習太極氣功的目的就是要培補元氣以固其本。

2. 眞氣　真氣亦稱正氣。《靈樞·刺節真邪篇》中說，「真氣者，所受於天，與穀氣併而充身者也。」真氣是由先天的元氣與後天的穀氣相結合而成，為生命的動力。先天之氣是基礎是源泉，而後天之氣是人體生命活動的物質來源，二者關係密切，互相作用，互相依存。真氣又稱正氣，正氣是生命機能的總稱，又指人體的抗病能力。如《素問》中說，「正氣存內，邪不可干。」

3. 營氣　營氣生於水穀，源於脾胃，出於中焦，進入脈道之中成為血液的組成部分，隨血液運行於周身。營氣的功用除化生血液外還有營養全身的作用，因而稱之為「營氣」。

4. 衛氣　衛氣出於下焦，根源於腎，是腎中陽氣所化生。衛氣的作用是溫養肌肉，充潤皮膚，肥盛腠理，並管理汗孔的開放收縮以固實體表。因其具有抗禦外邪之功，故稱之為「衛氣」。

5. 宗氣　宗氣是總合水穀精微化生之氣與由自然界吸入的空氣合成。宗氣有兩大功能，一是出於喉嚨而引呼吸並影響聲的強弱，聲賴氣發，宗氣足則聲音洪亮；二是貫心脈而行氣血，對能量的供應、寒溫的調節、肌體的運動均有重大關係。宗氣形成於肺而聚於胸中，是一身之氣運動輸布的出發點。宗氣有推動呼吸的功能。

上述各氣是每個人從呱呱落地開始都離不開的。古人云：「人在氣中，氣在人中，有氣才有人。」莊子說：「人之生氣之聚也，聚則為生，散則為死。」

要保持身體健壯，不得病或少得病，就必須在氣字上下功夫，人體中「有形之血生於無形之氣，有形之血不能速生，無形之氣則當早固」。

練習太極氣功的過程也就是調動人體內各種氣的積極性的過程，運用可以隨時得到調節、補充的後天之氣去滋養、扶植先天之氣，使氣血調和。陰陽既濟，則人體臟腑器官自會健旺。

太極氣功是練習太極拳的基礎，要打好太極拳，必須先進行太極氣功的修煉，練好太極氣功便可為太極拳的體用提供浩然之正氣。

首先，無論採取什麼形式，練習哪種功法，都必須排除七情六慾的干擾。喜、怒、憂、思、悲、恐、驚之七情與氣機的變化有著密切的關係。如：

喜則氣緩。喜之過甚則氣過緩，可致氣短不續。

怒則氣上。怒傷肝，肝藏血，氣為血之帥，肝氣上逆，率血向上妄行，會導致嘔血。如肝氣橫逆則剋脾土，脾失健運，消化不良而致飧瀉。

憂思氣結。憂傷脾，思傷胃。思則精神集中，思久則氣機不暢，致氣留結於中而不行，能使脾胃消化功能呆滯。

悲則氣消。悲傷過度則呼吸失常，氣塞不通，鬱而化熱，熱又耗氣，從而導致氣受消耗損傷。

恐則氣下。恐傷腎，可致二便失禁。

驚則氣亂。驚傷心，心藏神，驚則神亂，而致心氣無所依，神無所歸。

上述七情皆可導致人體氣機方面的病變，練功時尤須注意，以防受其侵害。練功前要求做到：心情舒暢，心神專一，中正不偏，呼吸自然，舌舐上顎，口唇輕閉，收視返聽，含光默默，心息相依，意守丹田。

當自然界或練功者自身出現某種難以控制的局面或不利自持的現象時，如：狂風驟起、雷電交加、霧靄沉沉、煙塵彌空或暴怒未息、憂慮煩亂、感冒不適、不勝酒力等，均不宜再繼續練功。

太極氣功的練習方法分為站功、坐功、臥功、動功等不同形式，這裡介紹的是部分站樁功的修煉法。

1. 無極站樁功

站樁功的練習方法很多，練習不同的功法便會產生不同的功效，無極站樁功是諸多功法中較為簡單而又極為重要的一種。

行無極之功當首推心靜，心靜始能體鬆，四肢百骸猶如蕩然無存，念中漸呈一派虛無縹緲的空虛之象，惟有一線氣機蘊含其間，待其靜至極時氣機方始流動，氣動則太極生成。所有的氣功功法皆來源於無極之中。

圖一1①　　　　　　　　　　圖一1②

【無極站樁功的做法】：兩腿微屈膝，兩腳開立，距離
同肩寬。立身中正，全身放鬆，兩手先鬆垂於胯側，後漸漸
搭攏在腹前，左手在外（女子右手在外）。舌舐上顎，二目
輕閉，內視丹田（圖一1①②）。

　　待姿勢站好後，先在意念中將頭頂上的濁氣降下，可試
想著一團雲霧自頭頂直落到腳底，而後緩緩地向周圍散開，
同時身體也隨著下行的濁氣逐段放鬆。全身放鬆後，意念移
至祖竅處，與閉眼後的內視線同時下達丹田。此時便在潛意
識裡放棄了眼、耳、口、鼻對外界的感知作用，只是用意念
去想、聽丹田的細微變化，靜心煉氣。這便是封閉四門（指
眼、耳、口、鼻），也叫做「鎖心猿、拴意馬」。

　　後冥冥之中漸覺內氣透過周身的毛孔與自然界的外氣交
融合一，身心產生陶然欲醉飄飄欲仙之感。這便是入靜，意
念仍蓄守丹田，靜立45分鐘至1小時後收功。

收功時兩手鬆貼腹部，圍繞著肚臍邊緣，沿逆時針方向左上右下（女子是沿順時針方向，右上左下）地轉環揉摩（圖一2①②）。速度要徐緩而均勻，並漸漸將雙手揉轉的圓圈擴展開來，轉到第36圈時，兩手上行可摩挲乳上之胸，下運可揉按恥骨上緣。

轉足36圈後即轉向右上左下，沿順時針方向（女子沿逆時針方向）轉環揉摩（圖一2③④），雙手揉轉的圓圈由大漸小，轉至第24圈時，

圖一2①

兩手沿臍部邊緣揉轉一圈，隨後輕輕按貼臍部靜立片刻。當兩手貼腹圓轉揉摩時，意念的活動恰似在腹腔內與兩手同時移轉。習之日久，則此內動之意漸漸明顯，且與外動之形逐漸融成一體，這樣便會收到令人滿意的收功效果。

待意念的活動與兩手的動作完全靜止後，兩眼緩緩睜開，兩手手心搓熱，由兩耳側向頭頂復經額前向下頦處連續熨摩顏面20次，功畢。

行無極站樁功重在意氣合一。氣沉丹田，意念也集中到丹田，由丹田用意微微引導呼吸為意氣相合。丹田位於人體中央，按照陰陽五行學說稱之為「中央戊己土」，行功時將注意力集中在丹田，等於把種子撒到地裡一樣，會逐漸生根、開花、結果。所以在練功時要意想丹田，閉目內視丹田，耳聽丹田的自由收放，使心神專一，才能達到入靜的練功效果。久守丹田可生氣血、增元氣，所以前人有「抓住丹

| 圖一2② | 圖一2③ | 圖一2④ |

田練氣功，哼哈二氣妙無窮」的經驗之談。

2.吐納採氣法

待無極樁功能夠熟練自如地行功後，接下來可進行吐納採氣法的練習。吐納採氣法是用口鼻進行深呼吸的一種功法，此功與普通深呼吸的不同之處是鼻吸口呼，同時肚臍亦隨呼而收縮，隨吸而展放。此功應在每日卯時（早五至七時）於公園綠地等空氣清新處進行練習。

【具體練法】：兩腿平行開立，距離約同肩寬。雙手疊放輕貼小腹。全身放鬆。行功時要先吸後呼，吸氣時舌舐上顎，空氣要輕、慢、細、勻地由鼻孔緩緩吸入，邊吸邊用意領氣從祖竅經百會、過玉枕、下夾脊到命門直穿中丹田，同時肚臍也隨著吸氣緩緩地向外充展。當吸到不能再吸時（臍部也不能再向外充展），便將嘴唇稍稍張啟，舌尖抵向下牙

圖一3①　　　　　　　　圖一3②

根處，以意行氣由丹田上行經口緩緩呼出，肚臍也隨著呼氣慢慢向裡收縮。當氣呼盡時便再開始吸氣。如此一呼一吸為一次，呼即為吐，吸即為納，往復吐納 36 次後便可按無極站樁功的收功方法揉腹摩面收功。

初學者每日練習 9 次吐納即可，十日後身體若無不適反應便可根據自己的身體狀況逐日遞增，直至每日練習 36 次。

3. 開合折疊大力功

習此功是由兩臂有節律地開合、胸腹間沉穩徐緩地折疊與伸展，達到培補元氣、增長內勁的目的。

【具體練法】：由無極式始，兩腿微向下蹲，兩臂屈肘緩緩向胸前抬起，手心朝上（圖一3①），兩前臂漸漸內

圖一 3③

圖一 3④

旋，兩手向兩側斜上方撐展開
去（圖一 3②）。撐展時注意
肩、肘、腕各關節仍要保持自
然鬆弛狀態，不要有一處呈現
僵硬挺直狀。左腿向左橫開半
步，兩腿下蹲，同時兩臂向兩
側徐徐下落，內氣隨之緩緩下
沉（圖一 3③）。兩掌漸漸屈
指握拳，兩臂隨著內氣鬆沉緩
緩下垂，兩拳收抱於腹前，兩
腕交搭，拳眼朝外（圖一 3④
⑤）。隨後兩拳伸指變掌，重

圖一 3⑤

複圖一 3①至⑤的動作，次數不拘多少。習之日久自會感到
內氣在體內周流不息，內勁便會在不知不覺中漸漸增大。

圖一 4①   圖一 4②

4. 提抓功

習提抓功意在將地氣提抓上身，這也是增內氣、長內勁的一種功法。

【具體練法】：由無極式始，全身鬆弛略蹲，念中兩手鬆沉及地，而後如同抓物狀，兩拳漸漸握緊，隨著兩腿緩緩伸直而隱隱向上提抓，周身之勁亦隨著內氣上行至丹田（圖一4①②③④）。如此周而復始，次數不限。

5. 捉閉功

習捉閉功意在將身前之氣捕捉上身並閉鎖片刻，堅持日久可增長內勁。

【具體練法】：由無極式始，左腿向前邁一步，重心移向右腿，兩手微屈提至胸前，隨著左腿前弓兩手向前伸展，

圖一4③　　　　　　　　圖一4④

圖一5①　　　　　　　　圖一5②

眼睛平視前方（圖一5①②③）。兩手漸漸屈指握拳如同抓
物狀，全神貫注地拉向腹前（圖一5④）。此時全身要有趨

圖一5③   圖一5④

前迎接兩手所抓物之意，使周身上下勁氣均衡。待兩手所抓
之勁氣傳導到身上之後，在意識中要將此勁氣閉鎖不放，略
停片刻後，全身放鬆。兩手再度前伸，重複練習前述動作。
次數多少不限，依練習者的興趣、體力而定。

　　上述各種功法都要強調意念的控制與引導，在每個動作
的全過程中，要全身心地、細細地體察、捕捉氣勁流動與轉
換的契機，在長期的悉心揣摩、探索中領略太極內功的妙
處。

（三） 纏絲功的基本練法

　　纏絲功是陳式太極拳所獨有的一種運動方法。是在意識指導下的內氣流行與外形內纏外繞合一的螺旋運動。

　　經由纏絲功的練習，可使真氣流貫奇經八脈，促進人體陰陽平衡，氣血暢通。它內練意氣，外練肌體，內氣上行時則轉膀旋腕，下行時則轉膝旋踝，縈繞於中盤則通過胸腰腹臀的螺旋纏繞和折疊運化，將周身十八個大的關節固位（兩肩、兩肘、兩腕、兩胯、兩臀、兩膝、兩足、頸、胸、腰、腹）漸漸旋活轉順，逐步做到內外合一、上下相隨，最後全身形成一個無懈可擊的太極球，達到妙手一動一陰陽的高超境界。

　　練習纏絲功時，周身上下無一處不纏，無一處不動。然而這種纏繞是在意念控制下的，由裡及表地、節節相關、有內在聯繫地擰旋滾動，絕不可理解為單純地、盲目地亂纏。例如，在做某一單式的纏絲功時，意念由衷（中）而發，自內而外地向某一部位集散，與此同時，外形動作漸漸與心氣相合，內氣緩緩地向預定目標纏繞流注，從而使氣血周流全身，疏通經絡並使肌腱、韌帶產生彈簧般的韌性，久久練習即可達到一觸即動的化引進擊之勁，這對練習拳架也是必不可少的一種基本功法。

纏絲功歌訣

> 太極亂環應求精，上下相隨妙無窮，
> 引彼深入亂環內，四兩可撥千斤動，
> 手腳齊進橫有豎，縱放屈伸不露形，
> 纏絲靠法是真訣，左顧右盼莫丟頂，
> 三節發力螺旋勁，精神領起勢要驚，
> 式式中定混元氣，引進落空箭出弓，
> 上驚下取君須記，乘虛巧取任意行，
> 閃展騰挪扳山力，哼哈二氣顯神通，
> 欲知環中法何在，發環落點即成功。

習纏絲功須從無極站樁功練起，意守丹田靜立 30 分鐘，揉腹摩面收功。

下列動作，既可以從頭練到尾，也可分做幾段，一次練習其中的一段。也可根據自己的實際需要有選擇、有針對性地練習其中的某個動作。當從頭至尾地練習時，每個單式（一側）的練習次數不要少於 9 次。多則不限。

下面依自上而下的順序介紹人體各部位纏絲功的單式練法。

1. 轉　頭

自無極式始，兩手叉腰，頭部平向左右轉動，速度要和緩均勻，頭、肩皆保持平直，身體舒鬆自然（圖二 1①②）。練習數次後接做收式。

圖二1①

圖二1②

收式：面朝前，兩手收向腹前，帶動兩臂經兩側向上畫弧，然後經面前、胸前按落於兩胯側，手心朝下，指尖朝前；氣息緩緩下沉，眼神自然地向內收斂。靜立片刻後恢復常態（圖二1③④⑤⑥）。

圖二1③

2.旋　頸

自無極式始，兩手叉腰，隨著上體適度地俯仰傾斜，頸部放鬆，使頭部進行柔和徐緩地低垂、左傾、後仰、右轉的繞環運動（圖二2①②③④）。

頭部沿順時針繞轉數次後

圖二14

圖二15

圖二16

圖二21

圖二2②

圖二2③

再沿逆時針方向繞轉。轉動速度要均勻，動作要連貫自然。上體不要大幅度地俯仰。當練到頭部的轉動暗暗與意氣相合時，體內會有一種欲罷不捨的舒適之感，待要停止旋頸時，漸漸收斂頭部旋轉的意念，旋頸動作便可自行停止。隨後接做收式。

圖二2④

圖二 3① 圖二 3②

3.旋　肩

① 左右旋肩

　　自無極式始，兩手虛握攏，隨著上體略向右轉，左肩前傾並帶動整條臂膀向下沉墜，意氣漸漸下沉（圖二 3①）。意念漸漸引領左肩經前向上、向後轉行，肩窩放鬆，左臂略屈垂於體側（圖二 3②）。如此循環練習數次後改向前、向下、向後、向上繞環。上述動作為左旋肩。右旋肩動作與之相同，不再贅述（圖二 3③④）。停止繞環後接做收式。

② 雙旋肩

　　自無極式始，右腳向右橫開半步，兩腿漸漸屈蹲，兩手虛握拳沉向兩大腿內側。含胸、沉肩，意氣隨之向下沉降（圖二 3⑤）。隨著胸部漸漸挺起，兩肩圓活地向前經上向後轉動，兩臂隨之屈肘，兩拳提至腰側（圖二 3⑥）。此動

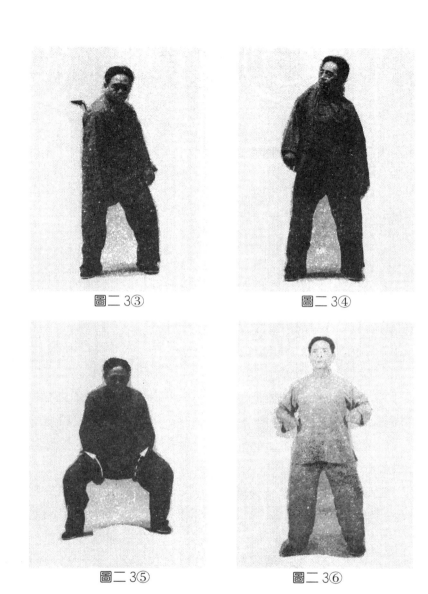

圖二 3③　　　　　　　　　圖二 3④

圖二 3⑤　　　　　　　　　圖二 3⑥

作循環練習數次後，兩肩再轉向前經下向後、向上繞環。練
習雙旋肩尤要注意使全身放鬆，肩、肘關節圓轉自如，呼吸

圖二 4①正面　　　　　　　　圖二 4①側面

純任自然。停止旋肩後接做收式。

4.前後肩靠

自無極式始，右腳向前邁出半步，兩腿屈膝略蹲，重心偏於左腿。兩手握拳，隨著兩臂快速地外旋翻轉，兩肩疾向後轉抖靠擊，手心轉朝前上方。上體隨著兩肩後靠的動作猛然挺展；兩眼平視前方（圖二 4①正、側）。

上述動作不停，在內氣圓轉運行的催動下，兩臂內旋翻轉，胸部迅速內含，兩肩疾轉向前靠抖，手心轉朝後；眼看前方（圖二 4②正、側）。接著上左步，重複練習上述兩個動作，停止肩靠後接做收式。

初練前後肩靠時，切不可盲目發力彈抖，此時初學者內氣不足，更談不到用意念去支配引導內氣的走向，濫發彈抖勁會導致傷氣、傷身。應慢練動作，靜養內氣。待各部位的

圖二 4②正面　　　　　　　　圖二 4②側面

動作運行自然合度，內外交融，內氣自然增長後再適當發勁。

5.左右臂順逆纏絲

左臂順逆纏絲：自無極式始，右手叉腰，左腳向左橫邁一步，腳尖外撇落地；左臂外旋，左手順纏而上，提至右肩前，隨後左前臂內旋，左手逆纏平行向左畫弧拉開，在臨近終點時，左前臂微微外旋，左手漸漸豎起；兩腿的虛實、重心的轉換要隨左手的運行移動（圖二 5①②③④）。

圖二 5①

圖二 5② 　　　　　圖二 5③

圖二 5④ 　　　　　圖二 5⑤

圖二 5⑥

圖二 5⑦

右臂順逆纏絲：動作與之相同，惟方向相反（圖二 5⑤⑥⑦⑧）。連續練習數次後接做收式。

6.左右臂螺旋纏絲

左臂螺旋纏絲：自無極式始，右手叉腰，兩腿微蹲，重心略向右移，左臂外旋，左手順纏螺旋上抬至胸前，手心朝上；而後左腿向左邁一步，屈膝前弓；左臂內旋，左手收經

圖二 5⑧

左腋下，隨著重心漸向前移，向左前下方擰轉伸出，手心反朝上；眼看左手（圖二 6①②③）。

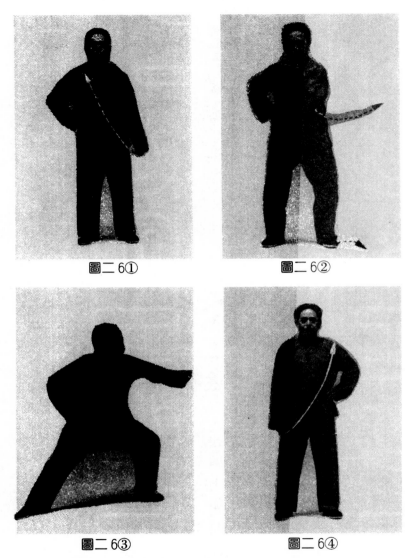

圖二 6①　　　　　　　圖二 6②

圖二 6③　　　　　　　圖二 6④

　　右臂螺旋纏絲：與之相同，惟方向相反（圖二 6④⑤
⑥）。連續練習數次後接做收式。

圖二 6⑤　　　　　　　　圖二 6⑥

7.雙臂左右螺旋纏絲

雙臂右螺旋纏絲：自無極
式始，右臂屈肘上抬，隨後屈
腕，手背貼著右肋側下穿，而
後隨著上體右轉，右腿向橫邁
半步，屈膝前弓而向前穿出，
手心反朝後上方；左臂外旋屈
肘，左手抬至頭部左側，手心
朝右；眼看右手（圖二 7①②
③④）。

雙臂左螺旋纏絲：重心移

圖二 7①

向右腿，上體微向左轉，右臂屈肘外旋，右手抬至頭部右
側；左手屈腕，手背貼左肋側下穿，而後隨著左腿弓屈向左

圖二 7②　　　　　　　圖二 7③

圖二 7④　　　　　　　圖二 7⑤

穿伸，手心反朝後上方；眼看左手（圖二7⑤⑥）。連續練
習時，下接圖二7③動作，如此兩臂交替螺旋纏繞數次。在

圖二 7⑥

圖二 8①

動作運行中,尤以內氣周流順暢、各部位動作自然舒展為要,纏絲動作停止後接做收式。

8.雙臂順逆纏絲

　　自無極式始,右臂內旋,右手向右上方緩緩伸展,而後隨臂外旋,弧形落至左胯前,手心朝左,指尖朝前下方;左臂外旋上抬,隨即屈肘,左手向右肩前含收,手心朝右,指

圖二 8②

尖朝上;身體微微左轉,右腳腳尖外撇向右橫邁半步;眼看右前方(圖二 8①②)。此為順纏絲,周身呈合勢,外形向

圖二8③　　　　　　　　　圖二8④

內含合，意氣也要向內聚攏。

　　接著右臂內旋，隨身體微右轉向右側上方緩緩拉開，同時左手貼右肘內側畫弧落向左胯外側，兩臂左低右高形成對拉拔長的態勢。但要注意此時不要憋氣，呼吸仍要自然，臂部與周身的肌肉不要緊張僵挺，仍要鬆沉舒展（圖二8③）。此為逆纏絲，周身呈開勢，外形開展，意氣也要向外發散。

　　向左開步時動作與之相同，惟方向相反（圖二8④⑤⑥）。纏絲動作停止後接做收式。

9.雙臂斜開合纏絲

　　自無極式始，左腳腳尖外撇，右腳前腳掌虛點地；左臂屈肘，左手抬至胸前，手心凹攏，指尖朝下；右臂內旋，右手繞經左前臂外側向左上方抬起，之後又隨著前臂外旋拉向

圖二 8⑤

圖二 8⑥

右肩上方，手心朝前，虎口朝下；左臂外旋，左手經下向左、向後畫弧收向左耳旁，手心朝前上方，指尖朝後上方；右臂繼續外旋纏繞，右手向體側伸展後向前畫弧繞轉，手心朝上，指尖朝前，眼看前方（圖二 9①②③）。

　　連續纏繞數次後，改為左腳在前虛點地面，動作與之相同，惟運行方向相反（圖二 9④⑤⑥）。纏絲動作停止後接做收式。

圖二 9①

圖二9②

圖二9③

圖二9④

圖二9⑤

圖二 9⑥

圖二 10①

10. 雙臂上伸螺旋纏絲

　　自無極式始，兩腿緩緩屈膝下蹲，兩臂外旋，兩手收經腹前向頭上穿伸，兩腿隨著兩手上伸的動作漸漸蹬直，兩臂內旋，兩手經體側緩緩下落再次收向腹前（圖二 10①②③④）。動作要徐緩、舒展。連續練習數次後接做收式。

11. 雙臂下伸螺旋纏絲

圖二 10②

　　自無極式始，兩臂外旋向側上方抬起，隨即屈腕，兩手指尖領先經面前落至腹前，兩腿緩緩下蹲，兩手手背相貼，

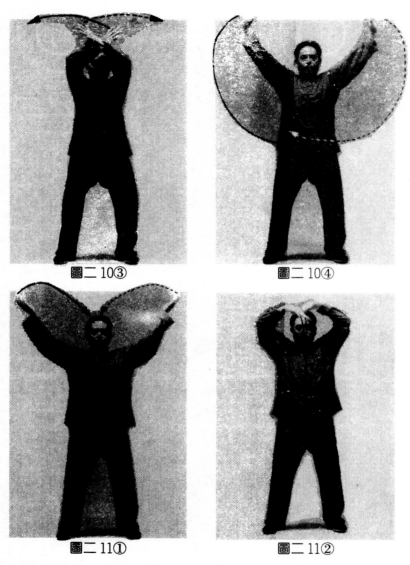

圖二 10③　　　　　　　　　圖二 10④

圖二 11①　　　　　　　　　圖二 11②

而後徐徐分向兩胯側按落，手心朝下，指尖朝前，眼看前方
（圖二 11①②③④）。

圖二 11③   圖二 11④

連續練習時，兩腿緩緩蹬直，兩手接做圖二 11①的動作。練習數次後接做收式。

12.雙臂前伸螺旋纏絲

自無極式始，右腿向前上一步，重心仍偏於左腿；兩臂內旋向兩側抬起，隨即兩手向後畫弧收經兩肋側向前穿伸，右腿順勢屈膝前弓；眼看前方（圖二 12①②③④）。

連續練習時，兩臂內旋向兩側平展，接做圖二 12①的動作。練習數次後接做收式。

圖二 12①

圖二 12②

圖二 12③

13.雙臂後伸螺旋纏絲

自無極式始，右腿向後撤一步，兩臂外旋，兩手向側前方抬起，手心斜朝上；上體微向前傾俯，兩臂屈肘、屈腕，兩手經兩腋下向後穿伸，手心反朝上；左腿屈膝前弓，挺胸、抬頭，眼看前方（圖二13①②③④）。

連續練習時，兩臂外旋，兩手經兩側向前畫弧，接做圖二13①的動作。練習數次後接做收式。

圖二 12④

圖二 13①

圖二 13②

圖二 13③

圖二 13④

圖二 14①　　　　　　　　圖二 14②

14.雙臂平伸螺旋纏絲

　　自無極式始，兩臂漸漸外旋，手心翻轉朝外，隨即兩臂內旋，抬至肩平，屈肘、屈腕，兩手收經腋下平向兩側穿伸，手心朝後；兩腿屈膝略蹲。而後兩腿漸漸蹬直，兩臂外旋屈肘，兩手緩緩向裡收攏，兩手心斜相對，指尖斜朝外，眼看前方（圖二 14①②③④）。

　　連續練習時，下接圖二 14②的動作。

　　兩臂的運行要圓轉自如，並與兩腿的屈蹲、蹬直相配合。練習數次後接做收式。

圖二 14③ 　　　　　　　圖二 14④

15.左上右下螺旋纏絲

　　自無極式始，右臂屈肘上
抬，右手側立起，手心朝左，
左臂外旋屈肘，左手經胸前向
右前臂內側穿伸，重心漸漸向
右腿偏移，兩腿屈膝略蹲，隨
即左手隨前臂內旋向左上方伸
展，手心朝左上方，指尖朝右
上方；右手隨著前臂內旋弧形
落向右胯側，手心朝後下方；
兩腿隨左手上伸漸漸蹬直；眼
看前方（圖二 15①②③）。

圖二 15①

　　動作要柔和緩慢，周身無一處緊張用力。練習數次後接

圖二 15②

圖二 15③

做收式。

16. 左下右上螺旋纏絲

動作與左上右下螺旋纏絲
相同,惟方向相反(圖二 16
①②③)。練習數次後接做收
式。

17. 雙臂開合纏絲

自無極式始,兩腿屈膝下
蹲,兩手腕部交叉合於襠前;
隨後兩腿漸蹬直,兩臂內旋,

圖二 16①

兩手上提經面前向兩側撐展,手心朝外,指尖朝上;眼看前
方(圖二 17①②③)。

圖二 16② 　　　　　　　　圖二 16③

圖二 17① 　　　　　　　　圖二 17②

　　連續練習時，兩腿屈膝下蹲，兩手畫弧下落抄抱於腹前，接做圖二 17①動作。練習數次後接做收式。

圖二 17③   圖二 18①

18.雙肘開合纏絲

　　自無極式始，右腿向右橫開半步，兩腿屈膝下蹲，兩臂內旋，兩手握拳向襠間沉落，上體含胸收腹，兩臂外旋屈肘，兩拳向異側肘端穿伸，拳心朝後上方；兩腿略蹬展，隨著挺胸展腹，兩肘收經胸前向兩側畫弧撐展，拳眼朝下；眼看前方（圖二 18①②③）。

　　連續練習時，兩前臂外旋，兩拳弧形下落抄抱於腹前，接做圖二 18②的動作。練習數次後接做收式。

　　兩肘的開合要與兩腿的屈伸、胸腹的含展及周身勁氣的蓄發協調一致，動作才能圓轉自如。

圖二 18②

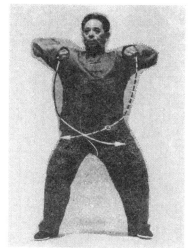

圖二 18③

19.左右肘順逆纏絲

左肘順逆纏絲：自無極式始，右手握拳撐於右腰側，左手握拳，前臂外旋，隨上體右轉向右上方穿伸，此為順纏，周身勁氣向內聚集呈合勢。隨即上體左轉，左肘向上圓轉繞行後向左纏繞撐開，肘尖朝左，眼看左肘。此為逆纏，周身勁氣向外發散呈開式（圖二19①②）。

圖二 19①

右肘順逆纏絲：動作相同，惟方向相反（圖二 19③④）。練習數次後接做收式。

圖二 19②

圖二 19③

20.左右旋腕

左旋腕：自無極式始，兩腿屈膝略蹲，右手叉腰，左臂屈肘，左掌上抬至胸前，手心朝上，隨後左前臂內旋，左掌畫弧下落向左側撐展，手心朝左前方；眼看左掌（圖二 20①②）。

連續練習時下接圖二 20①的動作。手的運行路線恰如沿橫置的8字繞轉。

圖二 19④

右旋腕：動作同左旋腕，惟方向相反（圖二 20③④）。

圖二 20①

圖二 20②

圖二 20③

圖二 20④

練習數次後接做收式。

圖二 21① 圖二 21②

21.雙旋腕

自無極式始，兩臂向前抬起，兩手以腕為軸，由裡向外繞轉，待旋腕數次後再改由外向裡繞轉，全身放鬆，肩、肘、胸部尤要鬆弛（圖二 21①②）。

練習數次後接做收式。

22.左右螺旋沖拳

自無極式始，左腿向前上一步，右拳自腰間逆纏向前沖出，而後順纏收回右腰間，左拳自左腰間逆纏向前沖出，順纏收回。如此兩拳交替前沖；眼看前沖之拳（圖二 22①②③④）。練習數次後接做收式。

圖二 22①

圖二 22②

圖二 22③

圖二 22④

圖二 23①

圖二 23②

23.腹臀搖旋

　　自無極式始，兩手叉腰，兩腿微屈，骨盆在內氣的催動下隱隱地向左、向上、向右、向下搖旋，搖旋數圈後再向相反方向搖旋，眼簾下垂，意識隨著內氣的流動在腹臀之間潛轉流連（圖二 23①②③④）。

　　練習數次後接做收式。

24.轉　腰

圖二 23③

　　自無極式始，左腳向左開步，兩腿微屈膝，兩臂外旋屈肘抬至身體兩側前方，兩手握拳，拳心斜相對，而後隨著腰

圖二 23④

圖二 24①

圖二 24②

圖二 24③

部的左旋右轉向左右平掄，視線隨著兩拳的轉動平移（圖二
24①②③）。

圖二 25①

圖二 25②

練習數次後接做收式。

25.旋　腰

　　自無極式始，左腿向左移半步，兩腿屈膝下蹲，上體前俯，頭略低垂；兩手握拳向右前下方伸出，然後上體以腰為軸旋轉，兩臂隨著挺胸展腹，向左、向後、向右繞環，待繞轉數周後再向相反方向旋轉。動作幅度要由小到大，速度要勻緩，周身無一處僵滯（圖二25①②③）。

　　練習數次後接做收式。

圖二 25③

圖二 26①

圖二 26②

26.左右膝搖旋

左膝搖旋：自無極式始，左腳腳尖外撇，向左橫邁一步，左腿屈膝前弓。兩手右下左上搭在左膝上，然後沿順時針方向旋轉膝關節，由左向後旋膝時，重心要漸漸移向左腿，此時右腿漸屈膝，左腿略伸展；由右向前旋膝時，左腿漸漸前弓，右腿慢慢伸展。待搖旋數周後再轉沿逆時針方向搖旋（圖二 26①②③）。

圖二 26③

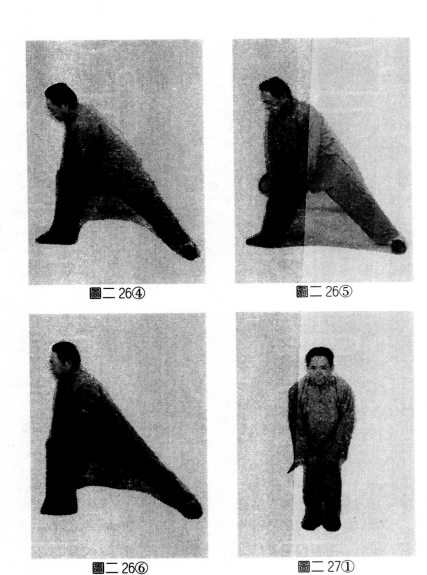

圖二 26④

圖二 26⑤

圖二 26⑥

圖二 27①

右膝搖旋:動作同左膝搖旋(圖二 26④⑤⑥)。
練習數次後接做收式。

圖二 27②

圖二 27③

27.雙膝搖旋

自無極式始，左腳向右腳靠攏，兩腿屈膝半蹲，兩手按在兩膝上，兩膝沿順時針方向旋轉數周，後再沿逆時針方向旋轉（圖二 27①②③）。

28.左右纏絲蹬腿

左纏絲蹬腿：兩手叉腰，左腿內旋屈膝上提，左腳收於右膝旁，隨即胯關節外展，左

圖二 28①

腿向左下方蹬踢；眼看左下方（圖二 28①②）。

右纏絲蹬腿：與之相同，惟方向相反（圖二 28③

圖二 28②

圖二 28③

圖二 28④

圖二 29①

④）。

　　練習數次後接做收式。

圖二 29②

圖二 29③

29.左右足搖旋

左足搖旋：自無極式始，兩手叉腰，左腿伸直內旋，左腳腳尖抬起裡扣下落，然後左腿外旋，左腳腳尖外撇，如此反覆擰旋，以增強踝關節的靈活性和柔韌性（圖二 29①②③）。

右足搖旋：與之相同（圖二 29④⑤⑥）。

練習數次後接做收式。

圖二 29④

圖二 29⑤　　　　　　　　圖二 29⑥

30.金雞抖翎

　　此為放鬆全身肌肉的動作。自無極式始，兩臂屈肘，兩手握拳，隨著身體快速地、小幅度地左右轉動而前後抖動，使周身肌肉鬆弛下墜。動作要由慢漸快，抖動起來後身搖腿顫，衣袂飄飄，有肌膚脫骨而去之感，渾身倍覺舒鬆。慢動作如圖二 30①②。抖起來時如圖二 30③④。抖至周身鬆弛舒展後接做收式。

圖二 30①

圖二 30②

圖二 30③

圖二 30④

（四）四十八式太極拳的風格、特點和行拳竅要

　　這套拳架的編排原則是遵循太極圖說之易理，依照「先求無極，後成太極」的指導思想，從內循經絡、外走螺旋的方式入手，培養練習者的纏絲內勁，提高其內功修煉效果，在套路中將太極拳法與養生功法有機地結合起來，以切實體現內家拳所刻意追求的「內外雙修、陰陽中和」的拳術真諦。

　　在拳式的銜接上，著意體現陳式太極拳螺旋纏繞、開合纏絲、渾元一氣的特有風格，力求以自然流暢、活潑清新的格調和簡潔洗練的表現形式展示內家拳法的豐富內容及其邃密的內涵。本拳套的特點與行拳竅要如下：

1.先求無極，後成太極

　　四十八式太極拳始於無極站樁勢，乃先求無極。緊隨於後的太極起式，用上掤、下按的動作，配合導引吐納功法，體現「太極動靜而陰陽分」之義。上掤為導，氣沿督升，清氣上升為陽；下按為引，走胸行任，濁氣下降為陰。上掤時，意念隨兩臂徐徐上抬而升騰；下按時，意念隨手緩緩沉落而深斂。內外一致，上下合一，開時俱開，合時俱合，動靜相兼，陰陽互補。

繼導引吐納式之後，接太極混元圈（即掤捋按擠式），兩臂隨旋腰轉脊向左、上、右、下，復向左前方循斜圓形軌跡繞轉一周，意念、氣血亦隨著外形的動作圓滿無虧地循環周流。如此全身之內外、上下、左右、前後渾然一體，無一不囊括在此圈之中。

練習太極混元圈時，要在綿綿不斷的意念活動引領下，使周身順遂自然地依斜圓形路線升降轉換，徐徐演習則自然得機，自然順勢，自然運化，自然合道，練習日久必可還其活潑浩然之太極原象。

2.拳功一體，內外雙修

內外雙修乃是到達太極拳高深境界的必由途徑。操演太極拳架之時即是修煉太極內功之際。外功（指武技）主練身手步；內功（指道工）主練精氣神，只修內而不練外則肢體不靈，只練外而不修內則氣血不活。外功是內功的效能，內功是外功的根源，二者合一方是武功。

為達內外雙修之目的，拳架中融會了許多太極內功的基本修煉法。如「預備式」和「收式」中的無極站勢，是依「無極站樁功」而行；預備式中的上掤前伸後捋下按拳式，是照「吐納導引功」而練；「金剛搗碓」中的掤捋擠按、螺旋下沉勢與「混元太極功」功法一致；「左右蹬腳」中的胸腹折疊、升降開合、雙手順逆纏絲勢與「順逆纏絲開合大力功」練法相同……

如此，諸多拳法暗合於功法，使氣功融於太極之中，既提高了內功修煉的效果，又增強了技擊散打的威力，並使強身健體、延年益壽的功效也愈加顯著。

內外雙修須會練會養。所謂會練即靜心慢練，隨著外形動作的和緩轉移，引動內氣於體內無微不至地細細運行。

　　拳經云：「太和之氣到靜時，不靜不見動之奇。」心不靜太極不太和，只圖快則欲速不達。靜心一意行氣，活樁慢練實乃天機自然之運行，陰陽自然之開合。慢到十分真功夫，即能虛靈到十分。靜練、慢練皆要以心宰之。久久練習感而遂通，則處處皆見太極原象。由此形成隱於體內、入於骨縫、流暢經脈、靈動無比、渾倫無間、形跡無著、動靜無端的太極內勁。

　　所謂會養即養氣、養血、養性、養精、養神。其中尤以養氣為首要。十年練功、十年養氣。氣以直養而無害。久久養之積蓄浩然正氣。氣血者，人之兩儀。吸天陽以養氣，吸地陰以養血。氣為主而血為配。氣行血行，氣滯血淤。氣化則物生，氣盛則物壯，氣正則物和，故氣之當養也。

　　慢練為養，快練為傷，靜練為養，急練為傷。傷者：傷氣、傷神、傷心、傷形、傷腎。「失之則內閉九竅，外壅肌肉，衛氣解散，此為自傷，氣之削也」。腎水不足，強以心火燥之，則水枯精衰；內氣不足，任意疾發迅放，則元氣受損；神氣不足，過於縱跳震動，則元神散亂。故練拳須身體和順，平心靜氣，舒展圓活，慢慢運行。其中尤須神氣圓滿無虧。

　　會練會養功能大進。待功形圓滿之日，臨陣交手，內勁猝發，如猛虎下山，威勢難擋，如摧枯拉朽，無堅不克。

3.內纏外繞，互為表裡

　　打太極拳須明纏絲功。不明此即不明拳。纏絲功是隱於

體內、入於骨縫、循經走脈、纏繞運行、流布全身的一種內勁。纏絲是陳式太極拳獨特的運勁方法。

欲求纏絲功，須外循螺旋之形，內合纏絲之徑（內氣）。外則通過腰脊的螺旋運轉、胸腹的折疊轉化來貫串和帶動肩、肘、手、胯、膝、足和頸項的螺旋運動；內則以心神為君，腎間動氣，發於丹田，貫於經絡，行於血脈，入於骨髓，達於四梢，纏繞運行，使之流布周身而復歸丹田，形成一股纏絲內勁。如此，獨特的纏法結合內氣的導引，久久練習必然內外相合，使之周身一家。

纏繞勁的運化全在胸腰腹間。陳鑫云：「渾身俱是纏勁，大約裡纏、外纏，皆是隨動而發。」「其勁皆發於心，內入於骨縫，外達於肌膚。」

五臟藏於胸腹，經絡源於五臟，心為一身之主，腹為內氣之源，腰為發動之機，胸為運化之府，脊為督氣之徑，肢為運勁之道。其重要者，即氣不離丹田。纏繞諸靠，身心一家，心息相依，息息歸根，根在丹田。

強調「腰脊螺旋纏繞，胸腹開合折疊」形成了本拳的又一個特點。在腰脊螺旋升降運轉之中，胸腹相開，肘由裡而外為逆纏；胸腹相合，肘由外而裡為順纏。拳中的每一招每一勢以軀幹的螺旋纏繞、開合折疊來主宰四肢的螺旋纏繞。或一順一逆，或雙順，或雙逆；或左胸和右腹斜向相合相開，或右胸和左腹斜向相開相合。意念一動無有不動，腰脊一纏無處不纏，渾身上下似蛟龍左旋右轉，若漩渦湍流急轉，像大海之波濤翻滾，連綿不斷，纏繞不息。即纏即引，即纏即進。待功夫精深，隨心所欲之時，臨陣交手可制彼如身臨漩渦之中，不能自主，無可中定。

經由內纏外繞，五臟得以按摩，經絡得以暢通，氣血得以流行，新陳代謝得以旺盛。這也是陳式太極拳之所以具有其獨特的養生功效的一個重要的因素。

4. 八門手法，變化莫測

技擊法是陳式太極拳中一門完美而深奧的藝術。四十八式太極拳著意體現纏繞諸靠、螺旋進退、擒拿彈抖、上驚下取、套封插逼、順截勁路、砸脈鎖骨、閃展騰挪、腿手並進、柔化剛發的諸多技擊風格和特點。

拳中的技擊手法皆由掤、捋、擠、按、採、挒、肘、靠八門基本勁別演變而生成。實際運用時，明手在前顯露於形，暗手隱蔽其後含藏勢中，在運用明手不能奏效時，立即轉用暗手，隨機應變、一變再變直至將對手發出。其萬般變化皆要順對方之勢、借對方之力，以體現太極拳「屈己從人、借力打力」的技擊特色。加之身法、步法、肘法、腿法的穿插配合、巧妙變化，使對方顧此失彼、防不勝防，陷於處處被動、處處遭打的困窘境地。下面僅舉「金剛搗碓」一式為例加以說明：

此式之初為掤捋按擠四正手，在混元一圈、螺旋下沉的過程中，略加變動便可成掤捋手、掤挒手、捋按手、捋採手。這些手法既可化解對方施於自己身上的擒拿法，又可用於摔跌對方，且兼有千斤墜之功。

隨著腰脊左旋下沉，擠手一變而成左捋挒手；右轉上引為右捋挒手。於轉身換勢之機還可陡然發出勢中含藏的左右肩靠法。

接下來於出左腿之際，這一勾腿可隨意變成鴛鴦腿、踩

蹬腿、套封腿或插逼腿，雙手牽制敵臂，待腿法奏效之際，順著對方跌仆的方向而送發。

隨後於左手沿下弧線斜捋前按時，變捋手為捋捌手、肩肘手、捌肘手，而後再變為捋按手或攔截手、擒拿手。當左腿套封於對方右腿後側或用插逼腿踏進對方中宮時，配以左肩的靠擊，可使對方因腿被羈絆而難逃遭撞後跌的厄運。

當右腳向前上步時，可用膝頂撞對方的襠部和下腹部，也可用腳踢擊對方小腿的脛骨，這兩種腿法的選用要視距對方的遠近而定；右手始為撩陰手，待敵縮擋之際，順勢變成上擊捶，直搗對方下頦，或改用掏心捶、獻果式攻擊對方胸部、面部。

最後在右捶順纏下合、逆纏上開時，既是化解對方擒拿之用法，亦是自己施用擒拿鎖骨手之招術。其中還暗藏著用右捶貫擊對方左耳根部的打法，然後再變為下砸搗碓；同時震踏右腳踩踏對方之前腳腳背。

僅此一式便有數十種明手、藏手、腿法、身法之用法，由此可見「太極處處是手」之說並非虛妄。

技擊散打，推手較技，憑借著三分技巧，七分內功，拳不敵法，法不敵功。沒有深厚的內功根基，拳法縱有萬千，仍不能克敵制勝。故招法萬而萬法一，內功是根本。拳法功法合一，太極氣功合一，始終不離真氣的運行：先求無極乃培育真氣；內外雙修是善養真氣；內纏外繞為導引真氣；胸腹折疊求運化真氣；技擊用法要仰仗真氣。延年益壽則全靠真氣。這也是貫串整個套路的一根總線。

（五）四十八式太極拳圖解

說　明

1.為了表述清楚，圖象和文字對動作做了分解說明，但在練拳時應力求連貫銜接。

2.在文字說明中，除特殊注明外，不論先寫或後寫身體的某一部分，各運動部位都要同時協調活動，不要先後割裂。

3.圖上的線條是標明從這一動作到下一動作所經過的路線，左手、左腳的運動路線用虛線表示，右手、右腳的運動路線用實線表示；箭頭表示該動作的終點。由於方向角度所限，個別動作的線條不夠確切，應以文字說明為準。

4.方向的轉變以人體為準，標明前、後、左、右。

5.某些背向、側向動作，增加了附圖，以便對照。

6.手臂運行時，凡由小指側經過手心向拇指側旋轉的運行為順纏；凡由拇指側經過手心向小指側旋轉的運行為逆纏。

7.身體各部位凡依上、右、下、左的順序做立圓繞轉或依前、右、後、左的順序做平圓繞轉時，均為沿順時針軌跡繞行；凡依上、左、下、右的順序做立圓繞轉或依前、左、

後、右的順序做平圓繞轉時，均為沿逆時針軌跡繞行。

8.在分解動作說明中，將圓形軌跡上下分開時，位於上端的半圓路線為上弧線，下端的半圓路線為下弧線，將圓形路線左右分開時，左側的半圓路線為左弧線，右側的半圓路線為右弧線。順逆時針和左右弧線的辨別均以練習者本人的站位朝向為準。

基本手型介紹

在四十八式太極拳套路中有拳、掌、勾三種基本手型出現。其中拳又分為立拳、平拳、螺旋拳、半開錯指拳、食指尖拳和中指尖拳；掌分為立掌、平掌、瓦壟掌、螺旋掌、陰陽八字手；勾只有一種勾手手型。現配圖介紹如下：

立拳：直腕，手掌由直伸狀逐節蜷屈，拇指扣於食指第一指節上，拳眼朝上（見立拳圖1、2、3）。蓄勁運行時，

立拳圖1

立拳圖2

立拳圖3

平拳圖

拳要鬆鬆握攏，陡然發力時則要用力攢緊。

　　平拳：握拳方法同立拳，惟拳心朝下。圖中顯示的是平拳的鬆握狀態。（見平拳圖）

　　螺旋拳：在立拳的基礎上，無名指和小指依次內外錯展凸起。此拳多用於橫擊對方頭部，擊出時，前臂內旋，拳眼朝下。（見螺旋拳圖）

　　半開錯指拳：多與食指尖拳配合使用，先出半開錯指拳。拇指、食指握攏，其餘三指逐一向前錯展挺凸，手心虛含，隨後疾變食指尖拳向前鑽打。（見半開錯指拳圖）

　　食指尖拳：食指第二指關節向前挺凸，拇指與中指夾緊

螺旋拳圖

半開錯指拳圖

食指尖拳圖

食指第一指節，無名指和小指依次向裡裏合蜷屈，力點在食指第二指關節，多用於螺旋形向前鑽打、點擊。（見食指尖拳圖）

中指尖拳：拇指、食指握攏，中指第二指關節向前挺凸，無名指和小指依次向裡裏合蜷屈。力點在中指第二指關節，多用於螺旋形向前鑽打、點擊。（見中指尖拳圖）

立掌：塌腕，掌心微凹，拇指及拇指下方的魚際肌群向掌心裏合，其餘四指併攏伸直。（見立掌圖）

平掌：直腕，掌、指伸直，無名指與小指微微內裏，手心朝上。（見平掌圖）

中指尖拳圖

立掌圖 　　　　　　　　　　　平拳圖

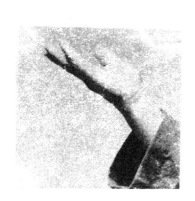

螺旋掌圖 　　　　　　　　鬆腕瓦壟掌圖

　　螺旋掌：在平掌的基礎上，拇指及拇指下方的魚際肌群
微向掌心裏合，食指伸直，自中指始，餘指逐一向裏裏合，
手心朝上。（見螺旋掌圖）

　　瓦壟掌：掌心凹陷，拇指及拇指下方的魚際肌群盡力向

展腕瓦壠掌圖

塌腕瓦壠掌圖

陰八字手圖

陽八字手圖

掌心裏合，其餘四指微微錯開，依次向裏裏合。瓦壠掌不管在鬆腕狀態時、展腕狀態時和塌腕狀態時，手的形狀都酷似瓦壠。（見鬆腕瓦壠掌圖、展腕瓦壠掌圖、塌腕瓦壠掌圖）

　　陰八字手：拇指、食指伸直展開成八字狀，其餘三指蜷

屈握攏，手心朝上。（見陰八字手圖）

註：前人認為人體各部位均以內側為陰、外側為陽，手心為陰、手背為陽，此處手心朝上故稱之為陰八字手。

陽八字手： 拇指、食指伸直展開成八字狀，其餘三指略蜷屈，手心朝下。（見陽八字手圖）

勾手圖

勾手： 屈腕，拇指、食指、中指指尖輕輕捏攏，無名指與小指微屈下垂。（見勾手圖）

動作名稱

無極式（預備式）

動作說明

無極式（預備式）

　　兩腿開立同肩寬，兩臂自然地垂貼於體側，兩手自然蜷屈；雙目平視前方。（圖三1）

　　站好後要從思想上摒除一切雜念的紛擾，使周身上下鬆弛舒展。眼簾微微下垂，視線向眼底收斂。隨著徐徐引氣下行，念中漸呈一片無物無我的空寂之境，如此心靜、神寧、體鬆地默立三至五分鐘。在這段無聲無息的時間裡，於無形無像無意之中將自身的精神、意念和內氣匯集攏來，使之融為一體，協調一致地去完成下面的動作。

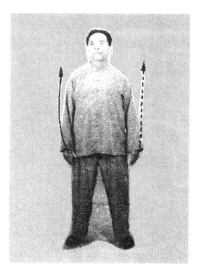

圖三1

圖三2　　　　　　　　　　圖三3

1. 起　式

①兩手手指漸漸舒展成掌，隨著兩臂微內旋，兩手手背領先，以手帶臂緩緩地向前上方抬至腕與肩平，此為掤勁；眼看前方。（圖三2）

②兩肩略向下沉塌，隨著意念前趨的引領，兩臂慢慢向前舒展，兩手手指亦隨之前伸，呈前擠之勢。（圖三3）

③兩臂微屈肘，兩腕徐徐鬆沉塌捋，兩手沉穩而自然地側立於胸前，指尖朝前上方。（圖三4）

④兩腿屈膝下蹲，隨著重心下降，兩手按落於兩胯側，手心皆朝下，指尖皆朝前；兩眼隨著身體姿勢的沉降轉看前下方。隨後要有意識地做到鬆腰、圓襠、開胯，使內氣沉蓄於丹田之中。在這樣默立片刻之後，兩腕放鬆，兩手指尖垂向地面。（圖三5、6）

圖三 4

圖三 5

【要點】

起式包括掤（圖三
2）、擠（圖三 3）、挒
（圖三 4）、按（圖三 5）
四種勁法。練習時不可努氣
用力，應側重於意念的引領
與內氣的疏導。意念活動要
稍領先於抬臂、伸展、塌
挒、按落的外形動作，並使
之內外結合、協調一致地完
成動作。不單此式要求做到
意領形隨，後面諸式皆應如
此。

圖三 6

2. 金剛搗碓

①兩肩微微下沉，兩臂稍向上、向右提引，兩手指尖皆朝下。（圖三7）

②在腰胯的帶領下，上體微向左轉，身體重心略向左腿偏移。兩臂鬆沉下垂，俄頃，兩手以手背領先，帶動兩臂沿順時針的左弧線向左前上方掤抬，兩臂微屈，兩腕高與肩平；眼看左手前方。（圖三8）

③隨著上體微向右轉，身體重心暗暗向右腿偏移。同時左手順纏、右手逆纏，在兩肘的牽動下沿順時針的上弧線向右前方将帶，右手手心朝前下方，指尖朝左前方；左手手心朝右，指尖朝前上方；兩眼的視線先隨兩手動作平移，而後注視右手。（圖三9）

④兩腿微向下蹲，隨著身體重心下降，右手順纏、左

圖三7

圖三8

手逆纏，同時向右、向下沿順時針的右弧線繞轉沉落呈下採之勢，隨後經腹前繼續沿下弧線向左前方徐徐地擠按而出，左手高與胸齊，手心朝左下方，指尖朝右上方；右臂屈肘環繞於胸前，肘肋不要相貼，其間適當地留有餘隙，右手手心朝左，指尖朝前；兩眼的視線先隨兩手的動作自上而下地移動；在兩手向左前方擠按時舉目平視左前方。（圖三 10、11）

圖三 9

⑤隨著意念的引領，身體重心隱隱地向右上方移動，上體微微右轉，同時左手先順後逆纏、右手先逆後順纏，沿

圖三 10

圖三 11

逆時針的下弧線落經腹前向右上方繞轉，右手手心朝上，指尖朝前；左手手心朝前，指尖朝右；視線隨著兩手的動作移動。（圖三 12）

⑥上體微微左轉，同時左手順纏、右手逆纏經面前向左畫弧，兩肘尖向下垂墜，左手手心朝上，指尖朝左上方；右手手心朝下，指尖亦朝左上方；頭略向左轉，眼看左手指尖。（圖三 13）

⑦右腳腳尖外撇，身體右轉，重心移向右腿。同時左手順纏、右手逆纏，兩臂緩緩地向前伸展開後隨體轉向右側将帶，右手手心朝右，指尖朝前；左手手心朝右後上方，指尖亦朝前；頭部隨兩手的動作平向右轉，眼看右手。（圖三 14）

⑧重心全部移至右腿，左腿徐徐屈膝提起。兩臂繼續向右側伸展；眼看左手。（圖三 15）

圖三 12

圖三 13

圖三 14

圖三 15

⑨右腿屈膝下蹲，重心下
降，同時左腳循順時針的下弧線
向左前方邁出，同時右臂隨著右
手逆纏向右伸展，右腕下沉，右
手手指向上、向右沿順時針的上
弧線畫弧豎起，手心朝右，指尖
朝上；左手逆纏側立於右肘前，
手心離右肘內側約 10 公分，指
尖朝後上方；頭向右轉，眼看右
手。（圖三 16）

⑩隨著上體含胸吞腹，兩
臂放鬆，隨即兩手以腕為軸，兩

圖三 16

臂以肘為軸，以手帶臂在胸前沿順時針軌跡繞一碗口大的圓
圈；兩眼先隨著右手動作轉視，而後向左轉頭，平視前方。

圖三 17　　　　　　　　圖三 18

（圖三 17、18）

⑪身體微左轉，重心隨之前移，左腿屈膝前弓，右腿同時蹬展。同時左手逆纏領先，右手順纏隨後，循立圓的下弧線經下向前撩出。兩手手心皆朝前下方；眼看前方。（圖三 19）

⑫身體繼續左轉，左腳尖外撇，在左手逆纏前撩的領帶下，右腿順勢向前上半步，腳前掌虛點地；同時，右手隨轉體亦向前順纏撩出，手心朝前，指尖朝下；左手則隨著轉體向左上方逆纏伸展，手心朝左前下方，指尖朝前；目視前方。（圖三 20）

⑬右臂繼續循立圓路線向上抬至齊胸，右手逐漸抓握成拳，拳心朝上；同時左手沿順時針的上弧線順纏，由左向右按落於右前臂內側，手心朝下，兩臂、兩手與周身形成一股裹抱相合的內勁；眼看右拳。（圖三 21）

圖三 19

圖三 20

圖三 21

圖三 22

⑭周身內外皆向下鬆沉，兩手隨之沉落於腹前；眼看前下方。（圖三 22）

圖三 23　　　　　　　　　　　圖三 24

⑮重心全部移至左腿，右腿屈膝向上提起，同時，右拳逆纏屈肘上抬，拳心朝下，左前臂順纏下沉，左手落於左胯前，手心朝上，指尖朝右。右拳左掌上下相對，同時身體在兩臂左下右上的牽動下，左側向下沉墜，右側向上懸提，由此形成一股勻稱協調的上下對拉之力；眼看前下方。（圖三 23、24）

⑯身體重心驟然下降，右腳在沉實向下的內勁催動下震踏落地（並非跺腳），右拳沉穩地向下一搗，拳背落入左手手心，同時氣沉丹田；眼看兩手。（圖三 25）

【要點】

此式的練習重點應放在處理好動作的輕重緩急和節奏的微妙變化上。

從圖三 7 至圖三 11，是一個由掤（圖三 8）、捋（圖三 9）、按（圖三 10）、擠（圖三 11）組成的沿順時針軌跡繞

圖三 25　　　　　　　　圖三 26

轉的渾元圈，隨之由腰帶動全身呈螺旋形下降，此動要圓活
繼而又是一個沿逆時針軌跡繞轉的渾元圈，身體隨之螺旋上
升，在兩個不同方向的渾元圈之間應有一個明顯的鬆沉蓄勁
的過程。圖三 17 是快節奏的畫圓纏繞動作，其後便漸趨徐
緩地銜接上步撩掌，震腳一搗拳的動作則要輕起沉落、頓挫
有力。但要注意震腳不是踩腳，初學者更不要用力跺踏。

3.懶扎衣

①隨著重心微微上升，身體略向右轉，兩臂順纏，左
掌托右拳向右上方抬起；眼看兩手。（圖三 26）
②兩腿屈膝下蹲，隨身左轉，左掌托右拳沿順時針的
右弧線向左下方下落；眼看右前下方。（圖三 27）
③右拳變掌向左上方穿出，手心朝上，指尖朝左。
（圖三 28）

圖三 27　　　　　　　　　　圖三 28

④兩手逆纏相合，手心皆翻轉朝下。（圖三 29）

⑤隨著重心上移，身體微右轉，兩手逆纏，兩臂向右上、左下徐徐伸展，右手手心朝右前上方，指尖朝上；左手手心朝左下方；指尖朝左前方；眼看右手。（圖三 30）

⑥隨著氣息下沉，胸微微內含，兩胯稍向下沉落，兩肩和臂、肘、腕、手亦隨之放鬆下沉，周身形成鬆沉蓄勁之勢。（圖三 31）

⑦身體微左轉，重心移向左腿，雙手順纏，分別沿圓形的上下弧線合向胸前，左手在上，手心朝右，指尖朝前上方；右手在下，手心朝左，指尖朝下；兩臂肘不要與上體貼攏；眼看右前下方。（圖三 32）

⑧重心全部移至左腿，左膝逐漸伸直，右腿沿著逆時針的上弧線徐徐屈膝向左上方收提，右腳腳面不繃，腳尖也不勾起，任其自然懸垂；同時右前臂繼續沿弧形路線向左上

圖三 29

圖三 30

圖三 31

圖三 32

圖三 33　　　　　　　　　　圖三 34

方托抬，兩手手心與指尖的朝向不變，兩臂屈肘交搭在左胸前，左臂在上；眼看右前下方。（圖三 33）

　⑨左腿緩緩屈蹲，重心隨之下降，右腿繼續沿著逆時針的下弧線向右伸落，腳跟先著地，腳尖朝右前方；眼看右下方。（圖三 34）

　⑩隨著上體平穩地左轉，重心仍偏於左腿，右前臂內旋，右手沿逆時針軌跡先順纏後逆纏經上向左纏繞一小半圓形，手心翻轉朝下，指尖朝左，兩前臂由上下相靠轉為內外相貼，右臂環抱著左臂，兩臂高與胸平；視線隨著右手繞轉而向左平移。（圖三 35）

　⑪身體略向下鬆沉，隨即向右轉回，重心逐漸移向右腿，成右弓步，左腿略屈；同時兩肩向兩側鬆沉開展，右手逆纏隨著轉體向右側伸展，手心朝右前下方，指尖朝左。隨著左前臂外旋，左手順纏向腹前沉落，手心朝上，指尖朝

圖三 35

圖三 36

右；眼看右手。（圖三 36）

⑫周身向下鬆沉，隨著鬆肩墜肘，右手經上向右順纏，繞一小半圓形，沉腕側立於身體右前方；眼看右手指尖。（圖三 37）

【要點】

自圖三 26 至圖三 28，兩臂繞圓下沉要連貫不斷，並與重心逐漸下沉協調配合；圖三 29 至圖三 30 兩臂外開要有沉穩纏綿、難以展開的意境，上

圖三 37

肢動作才不致流於飄浮；圖三 33 右腿上提要自然、輕靈而又不失沉穩之勁氣，左腿雖蹬展卻又未完全挺直，胯、膝關

圖三 38　　　　　　　　圖三 39

節仍保持自然含蓄之勢，腳掌穩穩地踩實地面，意念則向地
表下裡延伸沉落。這樣身體才能不搖不晃，穩如泰山。圖三
34、35、36的銜接要連貫流暢，隨著旋腰轉脊和兩臂的含展
收放，將周身的勁氣淋漓酣暢地宣泄開去。

4.六封四閉

　　①隨著身體微微左轉，上體含胸收腹，重心略向上
提；兩肩、肘、腕逐節放鬆，左手指尖貼腹沿順時針方向繞
一小立圓，右手亦沿順時針軌跡繞一小圓形，身體隨著右手
的纏繞微向右轉；視線隨著右手的繞轉而移動。（圖三
38、39）

　　②身體左轉，左腿徐徐弓屈，右腿緩緩伸展，重心隨
之下降並向左腿偏移，右手沿順時針的右下弧線順纏而下與
左手相合，手心朝左，指尖朝前；眼看前下方。（圖三

圖三 40

圖三 41

40）

③身體右轉，右腿緩緩
屈膝前弓，左腿漸漸伸展，雙
手逆纏，手背相貼，兩臂平
撐成環狀；眼看右手。（圖
三 41）

④兩手微向前上方掤
起，身體微微向下鬆沉蓄勁，
隨即雙手順纏沿弧形路線經下
向左上方繞轉，身體隨之左
轉，左腿漸漸弓屈，右腿緩緩
伸展；頭隨身轉，視線隨左手
的動作移動。（圖三 42）

圖三 42

⑤身體繼續左轉，右手繼續隨前臂外旋向左上方托

圖三 43　　　　　　　　　圖三 44

引，兩手手心漸轉朝後，指尖斜朝側上方；視線穿過兩手的
間隙向遠方延展平視。（圖三 43）

　　⑥身體漸向右轉，重心平移至右腿，左腳收至右腳左
側尺許處，前腳掌虛點地，同時兩手逆纏向右下方撐旋下
按，落於腰部右前方，兩臂撐圓，兩手手心朝下，虎口斜相
對；頭隨身轉，眼看右手。（圖三 44）

　【要點】

　　圖三 38 至圖三 40，兩手依圓纏繞應伴隨著胸腹折疊圓
轉運行；圖三 41 的動作，兩臂前掤時如同環抱著一顆碩大
的、充足了氣的球體，向周圍膨脹圓撐，同時胸腰要隱隱
地含合後撐，形成一股勻速、等量的對拉之力；圖三 43 至
圖三 44 的手部動作，酷似京劇中老生演員在舞臺上的「捋
髯」手勢，手法要靈活自然，不要僵挺。

圖三 45　　　　　　　　圖三 46

5.單鞭式

①周身放鬆，兩手隨著兩臂漸漸鬆垂而向下沉落，稍停片刻後，右臂屈肘，鬆腕，右手上提至肩前，手心朝下，指尖朝前；眼看右手。（圖三 45）

②隨著身體略左轉，右手沉腕塌掌落經左前臂內側向右胯外側沉按，手心朝下；同時左前臂內旋屈肘上提，左手手心朝前護於頸前；視線隨著右手的運行向下移動。（圖三46）

③隨著身體略向右轉，雙手順纏撐旋合於右胸前，左手在下，右手在上，兩肘收向兩肋側，左手手心朝右上方，指尖朝右前方，右手手心朝左上方，指尖朝右上方；眼看右手。（圖三 47）

④右手鬆腕沿弧形路線向左前臂內側屈回，五指撮攏

圖三 47

圖三 48

變勾手，左手順纏，左腕展平，手心朝上；眼看左手。（圖三 48）

⑤隨著氣息緩緩下沉，左手落向腰部左側，右勾手漸漸向右前上方逆纏畫弧伸展，勾尖朝下；眼看右勾手。（圖三 49）

⑥身體微微左轉，重心緩緩移向右腿，左腿屈膝循順時針的上弧線徐徐提收，大腿抬平，膝部稍向右合，小腿鬆垂。左前臂也微向右合，左手手心輕輕貼撫於腹前；眼看左前方。（圖三 50）

⑦右腿漸漸屈膝下蹲，左腿繼續依順時針的下弧線向左橫跨一大步，腳跟內側先著地，隨即全腳踏實，左膝前弓，右腿漸漸伸展，右手略外旋下沉，手心斜朝上撫於腹前；眼看左前下方。（圖三 51）

⑧腰微向左轉，左手逆纏上提至胸前，手心朝下；眼

圖三 49

圖三 50

圖三 51

圖三 52

看前下方。（圖三 52）

圖三 53　　　　　　　　　圖三 54

⑨左手在胸腹前沿逆時針軌跡順纏一圈穿向右肩前，兩臂相合，手心轉朝上，指尖朝右前方；同時身體右轉，重心向右偏移漸成右弓步，眼看右前下方。（圖三 53）

⑩接著，身體又徐徐左轉，右腿微向內扣漸漸蹬伸，左腿略外展徐徐弓屈，重心隨之左移。同時左手逆纏從容地向左展開，兩臂呈大開狀；待兩臂圓滿開展後，沉肩墜肘，左腕略向下沉塌，左手漸漸豎起，手心朝左，指尖朝上；氣沉丹田，全身放鬆，頭隨體轉；眼看左手指尖。（圖三 54）

【要點】

自圖三 45 至圖三 47，兩臂的動作是依斜圓形路線繞轉的。右手成勾手伸出後，仍要與左手的穿、展形成相合相開的勁勢。這些動作都要在腰的帶動下完成，並要做得柔和自然，周身內外的活動要密切結合。

圖三 55　　　　　　圖三 56

6. 白鶴亮翅

　　①周身鬆沉蓄勁，右勾手伸展成掌，兩臂由身體兩側自然地垂落，兩手鬆鬆地合於襠前，手心相對，指尖朝下；眼看前下方。（圖三 55）

　　②兩手左順右逆纏沿圓弧路線向左前上方掤起，左手手心朝上，指尖朝左，右手手心朝前下方，指尖朝左；眼看左前方。（圖三 56）

　　③身體隱隱後倚並向下沉勁，帶動著兩手左逆右順纏，沿弧形路線向右後下方旋轉捋帶，左手手心朝右前下方，指尖朝右前上方；右手手心朝左前方，指尖朝右前方；眼看右前下方。（圖三 57）

　　④隨著身體微左轉，重心略向前移，兩手繼續沿圓形路線向左前上方提升，左臂撐圓，左手手心朝前，指尖朝

圖三 57　　　　　　　　　圖三 58

左；右臂屈肘環護於胸前，右手手心朝前，指尖朝左；眼看左掌。（圖三 58）

⑤隨身體右轉，重心向右腿偏移，左腿內旋蹬伸，右腿外展向前弓屈；同時右前臂逆纏，左前臂順纏，兩手沿順時針的上弧線向右捋，右臂圓撐，右手手心朝前下方，指尖朝左，左臂屈肘環護於胸前，左手手心朝右上方，指尖朝前；頭隨身轉，眼看右手。（圖三 59）

⑥左腳腳尖外撇，身體左轉，左手逆纏至右肩前，手心朝後，指尖朝上，右手順纏下沉，手心朝後下方，指尖朝後上方；眼看左前方。（圖三 60）

⑦左手弧形下落經襠前向左前上方撩出，手心朝前，指尖朝右上方，身體隨之左轉，右手相繼畫弧下落至襠前，手心朝左，指尖朝前。隨著兩手的動作，右腳輕靈地抬起向左腳內側稍前處落步，前腳掌點地成虛步，腳跟與左腳心

圖三 59 圖三 60

圖三 61

平，相距約 20 公分，重心落於左腿上；眼看左手。（圖三61）

圖三 62① 　　　　　　　　　　圖三 62②

⑧雙手左順右逆纏，依順時針軌跡各繞轉半圈，左手
繞至右肩前，手心朝右下方，右手繞至左肘內側，手指下
垂；眼看前方。（圖三 62①②）

⑨在長腰的帶動下，左手先逆後順纏，仍沿順時針軌
跡畫弧，落於左胯側，手心朝下，指尖朝左，右手逆纏，也
沿順時針軌跡向右肩前畫弧，手心朝前下方，指尖朝左；目
視前方。（圖三 63①②）

⑩右手順纏依順時針軌跡畫弧繞至襠前，手心朝左上
方，指尖朝前，左手順纏也依順時針軌跡畫弧繞向右肩前，
手心朝右，指尖朝上；同時左腿屈膝下蹲，右腿輕靈地抬起
向右前方邁出一步，腳跟先著地，腳尖朝右前方；目視前
方。（圖三 64）

圖三 63①

圖三 63②

圖三 64

圖三 65①

圖三 65②

⑪重心前移至右腿，右腿微屈，左腳跟進，落於右腳左側一足遠處，前腳掌虛點地，膝部外展，同時右手逆纏，在身前依順時針軌跡畫弧，經左肩前向右上方伸展，與左手成斜向對開之勁，手心朝前，指尖朝上，左手逆纏經右臂內側畫弧下落，按於左胯側；頭先向右轉，眼看右手，隨後頭再向左轉，眼平視前方。（圖三 65①②）

【要點】

自圖三 56 至圖三 58，兩手是沿順時針方向繞一完整的立圓，動作要在旋腰的帶動下完成，整個過程要協調連貫，兩手在運行到左前方後經蓄勁再接圖三 59 的動作，圖三 59 的動作乃是一個大幅度向右的捋勢。

圖三 62 至圖三 64 的動作是在腰、胸、腹折疊的帶動下來完成的。在右手向右上方展開亮掌的過程中，手要從眼下經過，不能遮擋雙眼視線。

圖三 66　　　　　　圖三 67

7.斜行拗步

　　①身體微向左轉，右手沿逆時針的上弧線順纏至胸前（距胸約 30 公分），右臂微屈肘，右手手心朝左，指尖朝上，食指尖與鼻尖相對；眼看右手。（圖三 66）

　　②腰微向右轉，右手循立圓軌跡逆纏而下，手心朝下，指尖朝前按於右胯側，同時左前臂外旋，左手沿順時針軌跡順纏而起，由左向右合至胸前，距胸約 30 公分，左臂微屈肘，左手手心朝右，指尖朝上，食指尖與鼻尖相對；同時左腿屈膝，循順時針的左上弧線向右上方提收，腳尖不勾，腳面不繃，腳掌稍向內翻；眼看前方。（圖三 67）

圖三 68　　　　　　　圖三 69

③身體微向右轉，右腿屈膝下蹲，左腿向左前方落一大步，腳跟先著地，隨即全腳踏實，兩手略向右移；眼看前方。（圖三 68）

④腰先略向右轉，左手循順時針軌跡畫弧繞轉落於小腹前，隨即腰又略向左轉，重心仍偏右，右手循逆時針的上弧線由右向左順纏至面前，右臂屈肘，右手手心朝左上方，指尖朝右上方；眼看右手。（圖三 69）

⑤腰繼續向左轉，右手繼續沿逆時針的左下弧線逆纏下落按於右胯側，同時腰向右轉，左手循順時針的左上弧線順纏而上繞至面前，手心朝右上方，指尖朝左上方；眼看左手。（圖三 70）

⑥腰略向左轉，重心稍向左移，同時左手繼續循順時針的右弧線逆纏按落於襠前，左臂微屈，左手手心朝下，指尖朝右前方；右手繼續沿逆時針的右弧線順纏而上，右臂微

圖三 70

圖三 71

屈肘，右手手心朝左前方，指
尖朝右上方；眼看右手。（圖
三 71）

⑦身體繼續左轉，重心
向左偏移，左腿徐徐前弓，右
腿漸漸伸展，左手漸成勾手，
沿順時針軌跡畫弧上提，高與
肩平，勾尖朝下，同時右手塌
腕沉穩地隨著左轉身向前推至
胸前約 30 公分處，食指尖與
鼻尖相對。頭隨身轉，眼看右
手。（圖三 72）

圖三 72

⑧腰微左轉，右腕放鬆，右手在胸前沿逆時針軌跡先
順後逆纏，繞一小圓圈後落於左肩前，右臂圓撐，右手手心

圖三 73①

圖三 73②

朝左前方，指尖朝左後方；視線隨右手的運行移動。（圖三
73①②）

　　⑨腰漸漸右轉，重心向右腿偏移，右腿弓屈，左腿略
伸展，隨著兩膀隱隱外撐，右臂微屈平行向右展開，與左勾
手成雙平開勁，右手手心朝右下方，指尖朝前；視線隨右手
的運行平移。（圖三 74）

　　⑩隨著意念與氣息下沉，周身皆向下鬆沉，同時腰向
左轉，重心向左偏移，右腕下沉，右手沿順時針軌跡繞一小
弧形；眼看前方。（圖三 75①②）

　　【要點】

　　全式的重心有四次轉換，從圖三 68 的偏右，經圖三 71
過渡到圖三 72 的偏左，到圖三 74 時重心再度偏右，到圖三
75 隨著腰身左轉，重心又偏向左了。練習時要求這四次重
心的轉換要沉穩自然，在速度上大體均勻、動作銜接得連貫

圖三 74

圖三 75①

流暢的前提下，對每一個開
合、每一次轉換的意念走向、
勁力變化都要明確，時時處處
都要體現出肢體的動作是由腰
身的轉動帶出來的。

8.提收式

①重心移至左腿，上體
含胸略向前傾，右腳輕抬稍向
左移，左勾手變掌，兩手雙順
纏從體側弧形落至前下方，兩
腕於腹前交搭，左腕在上，左

圖三 75②

手手心朝右，右手手心朝左，指尖皆朝前下方；目視前下
方。（圖三 76）

圖三 76　　　　　　　　　　圖三 77

②重心後移，上體直起，左腳撤至右腳前，前腳掌著地，兩腳腳跟相距約 20 公分遠；隨重心後移，兩臂內旋，兩手在身前雙逆纏向上抬至肩平後向身體兩側畫弧展開，兩臂圓撐，兩手手心朝外，指尖朝前；眼向前平視。（圖三77）

③周身向下鬆勁，身體微右轉，兩手雙順纏從兩側畫弧落至兩胯前，左手手心朝右，指尖朝前下方，右手手心朝前，指尖朝右；目視前方。（圖三78）

④兩臂屈肘，兩手雙順纏從腹前向上托起，左手在前，手心朝右上方，指尖朝前；右手在後，手心朝左上方，指尖朝前，兩手相距約 30 公分；同時左腿屈膝向上提至大腿呈水平，小腿自然懸垂；眼看前方。（圖三79）

⑤兩手雙逆纏向前偏下方擠按，同時左膝裡扣與右手成合勁，兩臂微屈，左掌掌心朝前，指尖朝右上方，右臂圓

圖三 78

圖三 79

撐，右手側立於左肘內側，手心朝左前方；指尖朝上，目視前方。（圖三 80）

【要點】

自圖三 76 至圖三 79，兩手彷彿是沿著懸在半空中的一個碩大的圓球自上而下地滑落，隨後托住圓球的底端向上托起一般，動作和緩而連貫，運行的轉跡要圓滑、順暢，不要出現凹凸之處。

圖三 80

圖三 81　　　　　　　　圖三 82

9.前蹚拗步

①周身向下鬆沉蓄勁，左腿自然地向下沉落，兩手向身體右後方畫弧後捋，身體隨之微向右轉；目視前方。（圖三 81）

②右腿緩緩屈膝，左腳向左前方落步，腳跟先著地，腳尖稍外撇踏實，身體隨之左轉；左手順纏，沿逆時針的右弧線繞至胸前，手心朝後，指尖朝右；右手也沿逆時針的右弧線向上繞轉，掌根貼於左腕內側，隨著重心漸向前移，雙手緩緩前擠，兩臂徐徐圓撐；目視前方。（圖三 82）

③身體微向左轉，雙手逆纏，左手沿逆時針的右弧線向左上方畫弧，右手沿逆時針的左弧線向右下方畫弧，呈斜開之勢。左手稍高於眉，手心朝左前方，指尖朝右上方；右手在右胯外側，手心朝下，指尖朝前；目視前方。（圖

圖三 83

圖三 84

三 83）

　　④左腳腳尖外撇，身體繼續微左轉，左手繼續沿逆時針的左弧線順纏至腹前，手心朝右，指尖朝前下方；右手也繼續沿逆時針的右弧線順纏而上再到胸前，手腕搭在左腕上呈合勁，手心朝左上方，指尖朝左前方；眼看前方。（圖三84）

　　⑤重心移至左腿，身體繼續微向左轉，右腿屈膝沿逆時針軌跡向上、向裡收提；頭不隨身轉，眼仍注視前方。（圖三85）

圖三 85

圖三 86　　　　　　　　　　圖三 87①

⑥左腿徐徐屈蹲，隨著重心下降，右腳繼續沿逆時針軌跡向右前方邁出一大步。（圖三 86）

⑦腰部漸漸伸展並略向左轉，雙手逆纏再度相合，左臂在外，左手手心朝右下方，指尖朝右上方，右手在左肘上方，手心朝左下方，指尖朝左上方；眼看右前方。（圖三 87①②）

⑧腰向右轉，左腿漸漸蹬展，右腿徐徐弓屈，重心向右偏移，上身保持中正，兩臂隨身體右轉沿前高後低的斜弧線雙逆纏，沉穩勻速地緩緩雙開，兩手開到兩側時，兩臂撐圓，兩腕緩緩下沉，手心朝外，掌指豎起；眼看右手前方。（圖三 88）

【要點】

圖三 80 至圖三 82 的上肢動作是沿立圓路線在身體右側運行；圖三 82 至圖三 84 的上肢動作是依左上右下的斜圓路

圖三87②

圖三 88

線在身前纏繞；圖三 87 至圖
三 88 的上肢動作則是在雙逆
纏後再沿一大斜圓形的弧線向
兩側展開。

10. 掩手肱捶

圖三 89

① 身體重心後移並略向
下沉，左腿略屈蹲，右腿略伸
展。右手隨著重心的移動，沿
順時針的右弧線逆纏下落，經
襠前向左肋側收提，手心朝左
後方，指尖朝左後下方鬆垂；
同時左手沿順時針的上弧線順纏按落於右肩前，手心朝右前
下方，指尖朝前上方；眼看前方。（圖三 89）

圖三 90① 　　　　　　　　　圖三 90②

　　②左腿略蹬伸，重心隨之上移，右手沿順時針的左弧線逆纏上提，肘尖朝前，手心朝左前方，指尖朝左下方；左手繼續沿順時針的右弧線向左胯側按落，左臂微屈，手心朝下，指尖朝前；眼看前方。（圖三 90①②）

　　③腰微向右轉，右手按至左乳下，手指輕輕翹起，指尖朝左上方，手心朝左下方；同時左前臂外旋，左手沿逆時針的左弧線向左前上方抬起，手心朝上，指尖朝左，高與肩齊；眼看左手前方。（圖三 91①②）

　　④腰向右轉，右手沿逆時針的下弧線逆纏下落按於右胯側，手心朝下，指尖朝前；左手隨之微向右移動；眼看左手。（圖三 92）

　　⑤腰微向左轉，左手沿順時針的右弧線逆纏下落，按於腹前，手心朝下，指尖朝右；右臂順纏，右手手心轉朝右上方，除拇指外，其餘四指的第一指節皆扣向掌心；眼看前

圖三 91①

圖三 90②

圖三 92

圖三 93

方。（圖三 93）

圖三 94　　　　　　　　　　　圖三 95

⑥右手漸漸抓握成拳，隨著上身左轉，沿逆時針的右弧線逆纏而上，拳心朝內，拳眼朝上；左手逆纏隨體轉按至左胯側，手心朝下，指尖朝前；眼看前方。（圖三 94）

⑦身體重心平穩地移到左腿，右腿屈膝上提。隨著上體微右轉，含胸、收腹，右前臂逆纏，右拳沿逆時針軌跡向腹前扣轉，拳心朝下；左手沿順時針的上弧線逆纏下落到腹前，以掌外緣切搭在右腕上方，手心朝右後方，指尖朝右上方；眼看前方。（圖三 95）

⑧右腳鬆沉落地，兩臂相抱略向內收；眼看前下方。（圖三 96）

⑨身體重心移至右腿，右腿略屈蹲，左腿輕靈地向左前方邁出一大步。兩臂繼續合住勁；眼看前下方。（圖三 97）

⑩身體重心略向左腿偏移，左腿前弓，右腿蹬展。隨

圖三 96

圖三 97

著上體微左轉，左胸趨前，右
拳從左掌心內向上、向右前方
順纏翻出，右臂微屈，拳眼斜
朝後上方；左手沿順時針的右
弧線順纏，貼腹收向左脇；眼
看右前方。（圖三 98）

⑪重心略向右移，兩腿
屈蹲成馬步。同時胸部內含，
右臂屈肘；右拳向左平擺至左
肘下，拳心朝上，拳面朝左；
左手逆纏經右肘上側向右前方
推展，手心朝右下方，指尖朝

圖三 98

上。兩臂左上右下交疊環抱於胸前；眼看前方。（圖三
99）

圖三 99　　　　　　　　　圖三 100

⑫左手逆纏，自右向前向左畫弧，左臂微屈圓撐，手心朝前，指尖斜朝右上方；右臂屈肘，右拳緩緩拉至右腰側；拳心朝後，拳眼朝上；頭略低垂，眼看前下方。（圖三100）

⑬手左手指漸漸屈攏成半握拳，同時左前臂外旋，左拳順纏收回左腰側，而後伴隨著氣息下沉，兩拳鬆垂落於兩胯旁，拳心朝上，拳面斜相對；眼看前方。（圖三101）

⑭胸背挺直，重心略向上提。兩拳同時逆纏，沿著前高後低的斜圓形路線從左右兩側自下而上地向前畫弧至面前，兩拳拳面相對，兩臂圓撐；頭略上抬，眼看前上方。（圖三102）

⑮右腳略向左前方移步，左腳隨即也略向前移，兩腳斜站，重心偏重於右腿，成半馬步；同時兩拳順纏下沉，拳心均朝上，右拳貼於胸前，拳心斜朝後上方；左手略向前

圖三 101

圖三 102

引，拇指、食指伸直，其餘三指微屈內扣，手心朝後上方成陰八字手；眼看左前方。（圖三 103）

⑯上身左轉，重心前移，左腿前弓，右腿後蹬，同時右拳逆纏向前發勁衝出，拳心朝下，拳面朝前；同時左手逆纏，左肘發勁向後掛擊，與右拳成一對拉的開勁，左手貼於左腰際，手心朝右下方；眼看右拳。（圖三 104）

【要點】

自圖三 89 至圖三 93，兩手是在左右轉腰的帶動下右先

圖三 103

圖三 104　　　　　　　　圖三 105

左後地依順時針軌跡呈立圓繞轉，全身上下圓活不滯。圖三96 的右腳下落要在意念的引領和內氣的催動下鬆沉震踏，而絕不是為求踏地的響聲而盲目使勁跺腳。應求其勁整，而不求聲響。圖三 99 至圖三 103，兩臂的動作要在兩肩鬆沉圓活地運轉的帶動下運行，雙肩不可上掀。同時還要體現出陳式太極拳特有的旋腕轉肘、旋腰轉膀的纏絲勁來，以使其勁含蓄而深沉，綿綿不斷。圖三 104 右拳沖擊時要借轉腰之勢，內勁自丹田催發而出，其勁崩彈暴烈而又不失於自然順遂。練習時也可只走意念而不發勁。

11. 披身捶

　　①腰微向右轉，左手伸展成掌，向右前下方伸出，手心貼撫腹前，指尖朝右下方；同時右拳變掌逆纏，隨前臂內旋沿順時針的下弧線向左繞轉，手心朝前，指尖朝左下方。

圖三 106　　　　　　　　圖三 107

雙手合勁，眼看前方。（圖三 105）

②腰繼續右轉。右手繼續沿順時針的上弧線由左經上向右順纏繞轉，手心朝前，指尖朝上；同時左手順纏沿順時針的左弧線由下而上地運行；手心朝右上方，指尖朝左前方；眼看前方。（圖三 106）

③腰向左轉，右手繼續沿順時針的下弧線順纏至左膝前，手心朝左上方，指尖朝前下方；同時左手繼續沿順時針的上弧線順纏至右肘內側，掌心朝右，指尖朝上；上體隨著右臂前伸而微向前傾俯，雙手與周身皆呈合勁。眼看前下方。（圖三 107）

④腰向右轉，重心右移，左腿逐漸蹬伸，右腿緩緩屈膝，同時右掌逆纏向右上、左掌逆纏向左下斜拉開；右手拉至右肩外，手心朝右，指尖朝前；左手拉至左胯旁，手心朝下，指尖朝前；眼看左前方。（圖三 108）

圖三 108　　　　　圖三 109

⑤腰微向左轉，重心略向左移，兩臂順纏鬆肩墜肘，兩掌緩緩握拳，左拳拳心朝上，拳眼朝左；右拳拳心朝左上方，拳眼朝後上方；頭隨著右臂向下沉墜而向右轉，眼看右拳。（圖三 109）

⑥腰向右轉，重心隨之向右腿偏移，左腿略蹬展，右腿繼續前弓，左腳尖稍向裡扣，同時左拳順纏稍向右上引，拳心朝裡，右拳略向下沉，右肘稍向後掛，拳心朝上；頭向左轉，眼看左拳（圖三 110）

⑦腰繼續右轉，重心向右移，左腳稍向裡扣，左拳繼續依順時針的右弧線繞轉，經胸前、右腹前收回左胯側，拳心朝上，拳面朝前；之後腰略向左轉，重心移至左腿，右腳前掌貼地向前、向左畫一半圓形收到左腳內側而不落實，同時右拳順纏向左畫弧收至左肩前，拳心朝內，拳眼朝右上方；頭略低垂並向右轉，眼看右前下方。（圖三 111）

圖三 110

圖三 111

⑧屈腿矮身，腰先微左轉再向右轉，右腳向右側橫開一大步，腳跟先落地，隨即全腳落實，接著重心右移，右腿向前弓屈，左腿略蹬展，同時右臂沉穩地向後掛肘，使右拳收至右側腰際，拳心朝內，拳眼朝上；左拳順纏，沿順時針的左弧線向上抬至齊肩高，拳心朝內，拳面朝上；頭向左轉，眼看左拳。（圖三 112）

圖三 112

⑨全身鬆沉舒展，腰向右轉，左拳順纏，沿順時針的上弧線繞向身右，拳心依然朝內，拳眼朝上；右臂緩緩向右伸展，右拳繼續順纏至右胯後

圖三 113

圖三 114

側。拳心朝左前方，拳面朝右下方；眼看右下方。（圖三 113）

⑩腰向左轉，重心向左腿偏移，左腿前弓，右腿後蹬，左肘沉穩地向左後方掛帶，左拳收至左胯前；右臂外旋，右拳順纏斜向右前方緩緩撐展，拳高齊肩；眼隨右拳的運行移動。（圖三 114）

【要點】

腰的左右轉動，重心的左右變換和拳肘的左右運行要配合協調。轉換時要有鬆沉蓄勁的一瞬。

12.背折靠

①腰依後、右、前、左的順序平旋一周，重心隨著左右變換，右拳放鬆，沿逆時針軌跡繞一斜圓，接著腰向左轉，重心左移，右拳放鬆移至左肩前，腕稍仰展，拳心朝左

圖三 115

圖三 116

上方；左拳稍向後移；眼看右拳。（圖三 115）

②腰向右轉，重心右移，右肩背隱隱向右後方倚靠，同時右拳逆纏拉向右額角前，右肘向右後上方撐頂；左拳逆纏，拳面頂於左胯根處，肩肘稍向裡裏；頭略低垂，眼看左前下方。（圖三 116）

【要點】

肩背後靠時上身不要後仰，仍要保持立身中正，要有支撐八面的勁勢。

13. 青龍出水

①腰向左轉，重心向左腿偏移，左腿前弓，右腿後蹬。同時右臂外旋，右拳逆纏沿圓形的右弧線下落至襠前，拳心朝內，拳面朝下；頭向右轉，眼看右前方。（圖三117）

圖三 117　　　　　　　　圖三 118

②重心微向上提，右臂屈肘逆纏環抱於胸前，右拳拳心朝下，拳眼朝內；左臂略向下垂，拳心朝內，拳眼朝前；眼看前方。（圖三 118）

③隨著腰微向右轉，重心略向右移，右臂外旋，肘關節向下沉墜並向後掛擊，右拳順纏至右腰側，拳心朝上，拳眼朝右；左臂順纏微屈肘，由左腰側向右前方弧形掄擺，拳心朝上，拳眼朝左；眼看左拳。（圖三 119）

④腰向左轉，重心轉向偏左，左臂緩緩屈肘後掛，左拳逆纏沿順時針的右弧線下落收向左腰側，拳心朝內，拳眼朝上；右臂內旋，右拳逆纏沿逆時針的右弧線向右前上方繞轉貫擊；拳心朝右，拳眼朝下；眼看右拳。（圖三 120）

⑤腰向右轉，右腿屈膝前弓，左腿略蹬展。上體隨著左臂逆纏前伸向前傾俯，左手拇指、食指緩緩伸出成陽八字手，以食指引領內勁向右前下方指出，右臂順纏屈肘，右拳

圖三 119

圖三 120

圖三 121

順纏收至腹前，拳心朝內，拳眼朝上；眼看左手食指。（圖
三 121）

圖三 122　　　　　　　　圖三 123

⑥腰向左轉，重心略向左腿偏移，上體直起，左臂外旋，左手順纏沉穩地拉回左腰側，手心朝上成陰八字手，食指尖朝右，右臂內旋屈肘橫撐，隨之右拳逆纏，以小指側向右橫擊，拳心朝後，拳眼朝左；眼看右拳。（圖三 122）

【要點】

圖三 119 左拳向右掄擺的著力點在拳輪（小指側），圖三 120 右拳向前橫貫著力點在拳頂（掌、指相連的凸起處），用法不同而朝向一致（都是向右前上方擊出）。左右拳交替前擊和兩肘輪番後掛的動作應協調一致，要在轉腰的帶動下完成。動作要清晰，不要只注重梢節（拳）的運行而忽視中節（肘）的變換。

圖三 121、122 左八字手的前領與收回動作的勁力與意境都要有如抽絲般地柔和均勻。不要一味地硬扦猛拉。整個拳式共有五次腰的左右變換。每次轉換都先有瞬間的放鬆過

圖三 124　　　　　　　　　圖三 125

程，接著再引動下面的動作，要恰當地把握動作轉換的契機。

14. 雙推手

①重心略向上提，右拳變掌逆纏隨臂肘彎屈沿順時針的左弧線向左上方抽提至右胸前，手心朝右，指尖朝下；眼看右前方。（圖三 123）

②腰稍向左轉，重心左移，右手繼續沿順時針的右弧線順纏至右胯前，手心朝左下方，指尖朝前，同時左八字手變掌亦沿著順時針軌跡貼腹旋繞一小圓圈，手心仍朝上；眼看右前下方。（圖三 124）

③腰微向左轉，右手順纏繼續沿順時針的下弧線向左後捋，手心漸轉朝左後上方，指尖朝左下方；眼看前下方。（圖三 125）

圖三 126　　　　　　　　圖三 127

④腰向右轉，重心右移，右腿前弓，左手緩緩抬起，手背搭靠在右腕背側，雙手同時向右前上方掤擠，手高不過肩，前不超過右腳尖，右手手心朝外，指尖朝左；左手手心朝內，指尖朝右；眼看前方。（圖三 126）

⑤兩臂鬆勁再稍上提，兩手以腕為軸向前轉一小立圓，隨即左腳腳尖外撇，左腿外旋，右腿內旋後蹬，身體向左轉；同時兩臂外旋，兩手順纏沿著順時針的右弧線下落並向左将，左手手心朝裡，指尖朝後上方；右手手心朝前，指尖朝右；頭隨身轉，眼看前方。（圖三 127）

⑥身體繼續左轉，重心移到左腿，左腳前腳掌落實，右腳向前上小半步，前腳掌著地落於左腳右前方，兩手繼續沿著順時針的下弧線向左上掤，左手抬至左肩前，手心朝右後方，指尖朝右前方，右手繞至右腹前，手心朝左上方，指尖朝左前方；兩臂呈環形相抱，兩手相距約 40 公分，兩肩

圖三 128

圖三 129①

鬆沉含合；眼看右前方。（圖三 128）

⑦胸部微微挺展，兩肩舒鬆下沉，右臂沿逆時針的下弧線向右展開，左臂沿順時針的右弧線下落向左展開，兩手手心相對，指尖朝前；眼看前方。（圖三 129①②）

圖三 129②

⑧兩臂漸漸屈肘，兩手雙逆纏繼續沿弧形路線合至兩肩前，左手心朝前，指尖朝左上方，右手心朝左，指尖朝前；眼看前方。（圖三 130①②）

⑨右腳抬起向前上一步，左腳相繼跟進一步，落於右

圖三 130①

圖三 130②

腳心左側約 30 公分處，前腳掌著地；兩臂微逆纏並緩緩地、沉穩地向前推擠，兩手手心漸轉朝前，虎口相對；眼看前方。（圖三 131）

【要點】

圖三 123 至圖三 124，左手貼腹纏繞時要屈指屈腕，以虎口、手指背側和小指外側相繼貼靠臍部的周圍繞轉，也可用掌心貼靠臍部周圍繞轉，動作運行速度與右手一致，且都要在腰的帶動下完成，使之「一動俱動」，「一處纏而處處纏」。圖三 126 至圖三 127 的轉身幅度較大，起伏也頗明顯，應注意內勁和氣勢不可稍斷，前後貫穿，一氣呵成。雙掌前推之勁要與雙腳前進的勁勢一致才能夠周身勁整，具有無堅不摧的勢頭。

15.三換掌

圖三 131

圖三 132

　①左腳緩緩落實，腰略向右轉，左手繼續向前引領伸展，同時右手順纏收至胸前，手心朝上，指尖朝左；眼看前方。（圖三 132）

　②腰徐徐左轉，重心偏向左腿，左手順纏收至胸前，手心漸轉朝上，指尖朝右；同時右手逆纏橫掌向前推出，手心漸轉朝前下方，掌小指側朝前上方；眼看前方。（圖三 133）

圖三 133

　③腰徐徐右轉，重心偏向右腿。右手順纏收至胸前，手心漸轉朝上，指尖朝左；同時左手逆纏橫掌向前推出，手

圖三 134

圖三 135①

心漸轉朝前下方，掌小指側朝前上方；眼看前方。（圖三
134）

④腰徐徐左轉，左手順纏緩緩地收至腹前，手心漸轉
朝上，指尖朝右；同時右手逆纏橫掌向前推出，手心漸轉朝
前下方，掌小指側朝前上方；眼看前方。（圖三 135①②）

【要點】

兩手交替前推的動作要伴隨著兩側腰腎的虛實變換，右
手前推時則右側腰腎呈實，左側腰腎呈虛；左手前推時則左
側腰腎呈實，右側腰腎呈虛。這種虛實的變換是逐漸過渡
的，是在腰的左右轉動和身體重心的左右移動下進行的。

16.肘底捶

①腰繼續左轉，重心移向右腿，左腳腳跟緩緩抬起。
左腕鬆弛，右手順纏前伸，手心朝前下方。同時左手順纏沿

圖三 135②

圖三 136

順時針的左弧線向後上方畫弧展開，手心朝前上方，指尖朝左，兩手隨長腰形成開勁；眼看前方。（圖三 136）

②左臂屈肘，左手手指豎起收經耳側向前推出，手心朝右前方，指尖朝上；同時右手以腕為軸，在身前沿順時針繞一小圓形，隨後漸握成拳，順纏下落收至左肘下方，拳心朝內，拳眼朝上；眼看左掌。（圖三 137、138）

圖三 137

【要點】

右手是由後下向前上復又向下、向後繞一小立圓拉回身

圖三 138　　　　　　　　圖三 139

前肘下的，左手則是由身後向上、向前沿著圓形的上弧線向前推出的，兩手漸漸沉穩相合，動作協調柔和，速度均勻。

17. 倒卷肱

　　①腰微向左轉，右臂順纏上抬，右拳漸漸變掌，掌心朝上經左前臂內側向上穿伸，隨即右手逆纏向前擠按，手心朝左前方，指尖朝上；同時左腿向左後方撤一大步，重心向左腿偏移，左手逆纏弧形按落於左胯外側，手心朝下，指尖朝左前方；眼看右手。（圖三 139、140①②）

　　②重心前移，右腿屈膝前弓，左腿略蹬展。兩腕鬆勁順纏，兩手指尖皆向外下垂，左手順纏向後上方伸展，手心朝左，指尖朝後；眼看前方。（圖三 141）

　　③身體右轉，重心後移，右腳前腳掌貼地拉至左腳內側，右臂屈肘略向後收，左臂屈肘，左手順纏經左耳側向前

圖三 140①

圖三 140②

圖三 141

圖三 142

推，置於右肘上方；眼看前方。（圖三 142）

圖三 143　　　　　　圖三 144

④身體繼續右轉，右腳前腳掌貼地向右後方撤一大步，全腳漸漸落實，重心隨之向右腿偏移；左手逆纏繼續向前推伸，手心朝右前方，指尖朝上；右手逆纏弧形按落至右胯外側，手心朝下，指尖朝右前方；眼看左掌。（圖三143）

⑤重心前移，左腿屈膝前弓，右腿略蹬展，兩腕鬆勁順纏，兩手指尖皆向外展，右手順纏向後上方伸展，手心朝右，指尖朝後；眼看前方。（圖三144）

⑥身體左轉，重心後移，左腳前腳掌貼地拉向右腳內側，左臂逆纏屈肘略向後收，右臂屈肘，右手順纏經右耳側向前推出；眼看前方。（圖三145）

⑦身體繼續左轉，左腳前腳掌貼地向左後方撤一大步，隨即全腳落實，重心隨之向左腿偏移；右手逆纏繼續向前推伸，手心朝左前方，指尖朝上；左手逆纏弧形按落至左

圖三 145　　　　　　圖三 146

胯外側，手心朝下，指尖朝左前方；眼看右手。（圖三
146）

【要點】

做倒卷肱時可根據練習者的體力、場地的大小等情況隨
意增減數量，但最後必須在推出右手的定勢上接下面的動
作。練習時推手與撤步須同時完成，撤步時兩腳交替沿弧形
路線後退。左右式銜接要自然、順遂、連貫。

圖三 147① 圖三 147②

18. 退步壓肘

①腰微左轉，右腕鬆弛，右手以右肘為軸，沿順時針的下弧線逆纏收至胸前，手心朝右下方，手指自然下垂；左手鬆垂在左胯旁；眼看前方。（圖三 147①②）

②右手順纏沿順時針方向繞轉半圈，手心朝上，指尖朝前；左手隨著肘腕鬆弛指尖下垂指向地面；眼看前方。（圖三 148）

③腰微右轉，重心略左移，左腿屈膝微蹲，同時右手逆纏平向左畫弧收向左腹前，指尖朝左下方；左臂略外旋，左手隨著上體右轉向右前方順纏畫弧，手心朝右前上方，指尖朝左前方；眼看左手。（圖三 149）

④腰微向左轉，重心略偏於左腿，兩腿屈膝下蹲，上體略向前傾俯，右手逆纏收至右肘下側，手心朝後下方，指

圖三 148

圖三 149

圖三 150

尖朝右前方；右手逆纏，手心轉朝下抱於左肘上方；眼看前
上方。（圖三 150）

圖三 151①   圖三 151②

⑤上體慢慢直起，右手逆纏向右前方撐展，手心朝前下方，指尖朝左前方。左前臂外旋，左手順纏徐徐沉向左胯前，手心朝上，指尖朝右；眼看右手。（圖三 151①②）

⑥右臂微屈肘鬆沉蓄勁，隨即右手順纏沿順時針軌跡繞一平圓，隨後向左下方畫弧落至腹前，手心朝上，指尖朝左下方；左臂內旋屈肘，左手逆纏提至右腋前，手心朝下，指尖朝右；眼看前方。（圖三 152、153、154）

⑦右腳前腳掌貼地收經左腳內側向右後方撤步，身體隨之右轉；右手隨著前臂順纏收貼於腹前，指尖朝左，同時，左手逆纏從左向前塌按，手心朝前下方，指尖朝右上方；眼看左手。（圖三 155）

【要點】

自圖三 147 至圖三 151，右手的動作呈不規則的「S」形撐裹纏繞，周身要與之相應配合，手向上抬時身亦上升，手

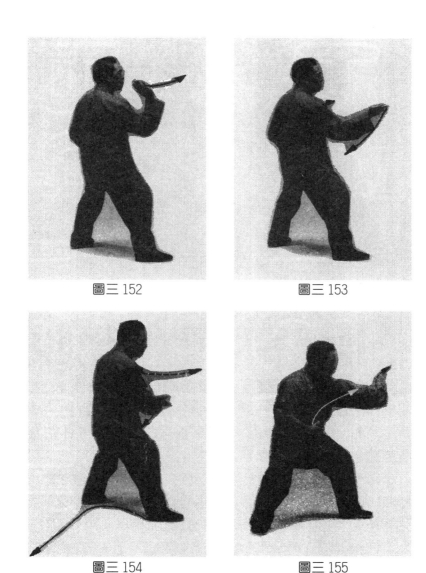

圖三 152

圖三 153

圖三 154

圖三 155

向下落時身亦沉降，上下一致，內外相合，圓活無滯地完成
整個動作。圖三 150 的動作要著意體現俯身向前壓肘的過

圖三 156　　　　　　　圖三 157

程，不能含混帶過。

19. 中盤式

①重心前移，左腿前弓，腰微向左轉。同時兩手逆纏微向下落隨即沿逆時針的右弧線向左前上方逆纏繞轉，左手手心朝前，指尖朝右上方；右手手心朝左前方，指尖朝上；眼看左手。（圖三 156）

②腰微向右轉，重心移至右腳，左腳撤至右腳左側成虛步，同時兩手繼續逆纏沿逆時針的左弧線下落至右腹前，右手稍低，手心朝下，虎口相對；眼看前方。（圖三 157）

③腰微向左轉，重心前移，左腳踏實。同時左前臂外旋，左手順纏沿逆時針軌跡向前翻轉落在左腹前，手心朝上，指尖朝左前方；右手落在右胯外側，手心朝內，指尖朝下；眼看左前方。（圖三 158）

圖三 158

圖三 159①

④右手先逆後順纏，沿逆時針的右弧線繞至右肩前，右臂屈肘，手心朝左，指尖朝上；左手弧形下垂至襠前，手心朝右，指尖朝下，右腿在右手向上繞舉的同時屈膝上提，胸略內含；眼看右前方。（圖三 159①②）

⑤身體微向左轉，右腿鬆勁下沉，震腳落於左腳右側，隨之重心移於右腿。緊跟著左腳向左橫跨半步，右手

圖三 159②

逆纏繼續沿逆時針軌跡下沉至胸前，手心朝左；左手逆纏略上提，手心朝右，兩前臂交叉疊靠在胸前；眼看右手。

（圖三 160）

⑥腰微向左轉，重心移向左腿。左臂內旋，左手逆纏沿逆時針的右弧線向左上方掤展，右腳腳跟隨之抬起拉靠於左腳旁。手心朝右下方，手指自然鬆垂略屈，同時右手逆纏經左前臂內側向右胯外側按落，手心朝下，指尖朝右下方；眼看前方。（圖三161①②）

⑦腰微右轉，右腳踏實，重心移至右腿，隨著右腿屈膝下

圖三 160

蹲，左腳向左邁出一步。同時右臂內旋沿逆時針的右弧線向上繞轉，右手順纏置於左肩前。手心朝左，指尖斜朝前上

圖三 161①

圖三 161②

圖三 162①

圖三 162②

方；左手順纏沿逆時針的左弧
線繞至右膝前，手心朝右，指
尖朝前下方；上體略右轉並稍
向前傾俯，雙手再向內合；眼
看右前下方。（圖三 162①
②）

　　⑧上體微向左轉，重心
向左偏移，左肩向左後方倚
靠，左手隨之向左上方徐徐掤
起，手心朝右下方，指尖朝右
前方；右手逆纏沿逆時針的左
弧線向右胯外側按落，手心朝

圖三 163①

下，指尖朝右前方；頭向左轉，眼看左手。（圖三 163①
②）

圖三 163② 　　　　　　　　圖三 164①

【要點】

　　自圖三 156 至圖三 163 的上肢動作是左手領先、右手隨後沿逆時針方向螺旋纏繞兩周半；下肢動作則是隨著身體重心的變換交替向左移動。圖三 161 右腳向左拉時，彷彿是被左手上挪的動作帶過去似的。要把握重心變換的時機和上下肢動作的配合節奏。運動速度要在均衡中求變化，不要一味地緩慢柔和。

20.閃通背

　　①腰微向右轉，重心向右腿偏移，右臂屈肘，右手逆纏沿順時針的左弧線向右上方繞至右肩前，手心朝下，指尖朝左前方；左手逆纏沿順時針的右弧線經右前臂內側向左胯側按落，手心朝下，指尖朝前；眼看左手。（圖三 164①②）

圖三 164②

圖三 165①

②腰微左轉，重心漸漸向左腿偏移，右腳隨之收向左腳內側，左腳前腳掌虛點地面，右膝略向外展；同時左手順纏繼續沿順時針的左弧線向上繞轉至左肩前，手心朝右，指尖朝前上方，肘尖下垂；右手順纏繼續沿順時針的右弧線落向腹前，手心朝左，指尖朝前下方，胸部含收，兩手隱隱向內合抱；眼看左手。（圖三 165①②）

圖三 165②

③右手逆纏經左前臂內側屈肘上抬至胸前，接著又順纏繼續沿順時針的右弧線向下、向左繞轉落於襠前，手心朝

圖三 166①   圖三 166②

左，指尖朝前下方；左手逆纏沿順時針的右弧線落向左胯側，隨即又順纏繼續沿順時針的左弧線上抬收至右肩前，手心朝右，指尖朝上；同時右腳向右前方邁出一步，眼看前方。（圖三 166①②、167①②）

④上體微左轉再向右轉，左手順纏，沿順時針的右弧線繞至左胯側，手心朝右，指尖朝下，右手逆纏沿順時針軌跡繞一大半圈，手心朝右前方，指尖朝下；眼看右前方。（圖三 168）

⑤腰胯向右轉，隨之胸腹有一開一合的折疊，右前臂內旋，屈肘，右手逆纏沿順時針軌跡繞一大圈落至右胯側，手心朝左後方，指尖朝下；左手順纏沿順時針的左弧線向左肩前畫弧，手心朝前，指尖朝上，重心漸向右腿偏移；眼看右前下方。（圖三 169、170）

圖三 167①

圖三 167②

圖三 168

圖三 169

圖三 170　　　　　　　　　　圖三 171

⑥重心前移，隨著身體右轉，左腿向前上一步，同時右臂微逆纏，右手稍向後拉，手心朝後下方，指尖朝下；左手沿順時針的上弧線向前按落，手心朝前下方，指尖朝前上方；眼看左手。（圖三 171）

⑦腰微向左轉，左手繼續沿順時針軌跡向左胯側按落，手心朝下，指尖朝左前方；右臂外旋，右手順纏向前上方穿伸，手心朝上，指尖朝前上方；眼看右手。（圖三 172①②）

⑧右臂微內旋，右手沿逆時針的左弧線經腹前向右下方畫弧繞擺，手心朝前，指尖朝右下方；左手亦由胯側向右上提至腹前，手心朝下，指尖朝右下方；眼看前方。（圖三 173）

⑨腰微右轉，重心移向右腿，左腳抬離地面後腳尖內扣落地，身體隨之右轉，左臂順纏經上向左畫弧伸出，手心

圖三 172①

圖三 172②

圖三 173

圖三 174

朝前上方，指尖朝左下方；右臂內旋，右手逆纏沿逆時針軌
跡按於左肩前，手心朝下；眼看左手。（圖三 174）

圖三 175　　　　　　　　　　圖三 176

　　⑩身體繼續右轉，兩手隨體轉向右上方掤抬，左手手心朝上，指尖朝左前方，右手手心朝下，指尖朝左；眼看左手。（圖三 175）

　　⑪腰微向左轉，重心移至左腿，左腿略屈，兩手隨著身體微左轉，左逆右順纏向左下方弧形沉落，右手到左肋前，左手到左胯外，兩臂略屈，指尖皆鬆垂朝下；眼看右前下方。（圖三 176）

　　⑫身體右轉，右腳向右後方撤一步，兩腿屈蹲，重心偏於右腿。同時左手逆纏繼續沿順時針軌跡經頭上向前按落，手心朝前，指尖朝上；同時右手也逆纏，沿順時針軌跡畫弧按落於右胯外側，手心朝下，指尖朝右前方。（圖三 177①②）

【要點】

　　自圖三 172 至圖三 175，兩手是沿逆時針軌跡螺旋纏繞

圖三 177① 圖三 177②

一周，圖三 176 至圖三 177，左
臂是在身體左側呈立圓形掄繞一
周，右手以腕為軸在左胸前立圓
繞轉一周後收至右胯側。上肢動
作要與扣步、轉身、撤步、繼續
轉身密切配合，動作的運行要連
貫流暢，定勢要沉著穩健。

圖三 178

21. 擊地捶

①腰微向右轉，重心微向
右腿偏移，左手順纏沿順時針軌
跡平向右畫弧，隨即變拳收於右
胸前，拳心朝內，拳眼朝上；右臂隨重心後移而微向後
拉；眼看前方。（圖三 178）

圖三 179　　　　　　　　圖三 180

　　②腰向左轉，重心移至左腿，右腿屈膝抬起，隨即向左腳內側震腳落地；左拳沿順時針的下弧線經腹前拉向左肩前，左臂屈肘，拳心朝內，拳眼朝上；右掌變拳經右腰側向前沖出。拳心朝左，拳眼朝上；眼看右拳。（圖三 179、180）

　　③左腳略向前移，同時右拳以右肘為軸沿逆時針方向繞轉一周，而後隨著上體左轉，右臂屈肘外旋弧形向左擰裹，拳心朝內，拳眼朝右；左拳弧形下落至左腰側，拳心朝內，拳眼朝上；眼看右拳。（圖三 181）

　　④隨著上身右轉，右拳逆纏沿逆時針的左弧線落向右腰側，拳心朝內，拳眼朝上；左拳順纏沿著順時針的左弧線向上繞轉，拳心朝右上方，拳眼朝左上方；眼看左拳。（圖三 182）

　　⑤身體繼續右轉，重心移向弓屈的右腿，左腿向左前

圖三 181

圖三 182

方伸出；左拳繼續沿順時針軌跡向右肩前繞轉，拳心朝內，拳眼朝上；右前臂外旋，右拳沿逆時針的右弧線向右後上方抬起，拳心朝前，拳眼朝上；眼看前下方。（圖三 183①②）

⑥上體左轉並向前傾俯，左腿屈膝前弓，右腿後蹬；左拳沿順時針軌跡向頭左上方繞舉，拳心朝下，拳眼朝右；右拳隨臂微伸直沿逆時針軌跡向前下方栽擊，拳面朝下，拳眼朝左；眼看前下方。（圖三 184①②）

圖三 183①

圖三 183②

圖三 184①

圖三 184②

圖三 185　　　　　　　　圖三 186

【要點】

圖三 180 右腳向下震落不要過於用力，腿要放鬆，全腳要同時落地，如只以腳跟用力跺地會震蕩後腦，於身體不利。圖三 181 至圖三 183 的上肢動作是右拳沿逆時針繞轉一周，左拳沿順時針繞轉一周，動作要連貫協調，中間不停。

22.翻身二起腳

①上身漸漸直起並微向右轉，右臂隨之屈肘上提，拳心朝下，拳眼朝內；左臂內旋下沉，左拳落於左膝外側上方，拳心朝內，拳面朝下；眼看前下方。（圖三 185）

②右臂外旋，右拳順纏沿順時針的右弧線向左胯前下方穿伸，拳心朝左上方，拳眼朝前；左臂外旋，左拳順纏沿順時針的左弧線上抬至頭部左側，拳心朝右，拳眼朝後；同時右腳稍抬起略向左移步；眼看前下方。（圖三 186）

圖三 187①　　　　　　　　圖三 187②

③左拳順纏繼續向右畫弧再經右臂彎內側向左下方穿伸，拳心朝後，拳眼斜朝右下方；接著身體右轉，重心右移，右腿屈膝前弓，右臂屈肘抬平向右沖頂，與向左下穿的左拳成相開之勢。肘尖朝右，拳心朝下；眼看右前方。（圖三 187①②）

圖三 188

④右拳逆纏沿順時針的上弧線向右畫弧；左拳順纏上抬，兩拳拳眼皆朝上。（圖三 188）

⑤腰向右轉，重心右移，左腳內扣。右腳撤到左腳內

圖三 189①

圖三 189②

側，前腳掌虛點地。右拳逆纏
沿順時針軌跡繞至左肋處，拳
眼朝上，左拳順纏到左肩前，
拳心朝右，拳眼朝上；眼看前
方。（圖三 189①②）

⑥右腿屈膝上提，右腳
不勾不繃自然懸垂；右臂外
旋，右拳順纏經左臂彎內側
沿順時針軌跡向上、向右弧形
翻砸下落，拳心朝左上方，拳
眼朝右上方；左拳順纏沿順時
針的下弧線向左上方繞一半圓

圖三 190

形至頭部左前方，拳心朝右，拳面朝上；眼看前方。（圖三
190）

圖三 191　　　　　　　圖三 192

　　⑦右腳向前落步，重心隨之前移，右前臂內旋，右拳
逆纏收向腹前，拳心朝後，隨後前臂外旋，右拳順纏伸指變
掌，手背朝前，沿順時針軌跡繞一立圓落至右胯前，手心朝
前，指尖朝前下方；左拳逆纏變掌，在身體左側沿順時針軌
跡繞一立圓上抬至左耳側，手心朝右前方，指尖朝上；眼看
前方。（圖三 191、192）

　　⑧重心全部移至右腿，左腿微屈向前上擺動；左手向
前弧形下落至左胯前，右手向後、向上掄擺至右耳側，手心
朝前上方，指尖朝後上方；眼看前方。（圖三 193）

　　⑨右腿猛然挺直蹬地跳起，身體在空中含胸收腹，右
腿向前上方踢擺，腳面繃平，同時右臂伸直，右手弧形向前
下掄拍右腳腳面，左手自然地向左上方擺動；眼看右手。
（圖三 194、195、196）

　　⑩左腳落地站穩，右腿隨即屈膝下落，前腳掌著地落

圖三 193

圖三 194

圖三 195

圖三 196

於左腳右前方;兩手弧形下落呈八字形按於腹前,手心朝下,指尖斜向前;眼看前下方。(圖三 197、198①②)

圖三 197

圖三 198①

【要點】

　　不要過於追求二起腳的騰起高度，蹬地起跳前後均以不失輕靈、自然為要。起跳前要借兩臂立圓掄繞和左腿向前上擺動之勢帶動身體上提，上下肢動作要協調配合。

23.獸頭式

　　①右腳落實，右腿屈膝前弓，腰隨之微向右轉。左腳輕輕抬起向左後方撤一步；同時兩手左順右逆纏沿順時針軌跡從左向右前方緩緩推出，手心朝右，指尖朝前，兩手與左腳形成左下右上的對拉之勁；眼看前方。（圖三 199）

　　②兩手握拳，隨重心後移雙順纏收向右腰側，拳心貼腹，拳眼朝上；同時右腳前腳掌貼地收向左腳右側；眼著前下方。（圖三 200、201）

　　③腰微向左轉，右腳向右後方撤步，同時兩臂微屈肘

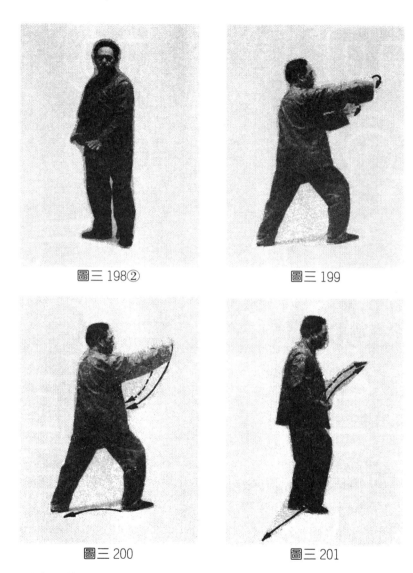

圖三 198②　　　　　　　圖三 199

圖三 200　　　　　　　　圖三 201

圈成環狀，雙拳平穩地向左前方推出，兩拳拳頂斜相對，拳
間相距約 10 公分，拳眼朝上；眼看兩拳之間。（圖三 202）

圖三 202

圖三 203

④腰漸右轉，右膝隨之外展並向前弓屈，重心略向右腿偏移；右拳順纏沿逆時針軌跡畫弧經右胯外側繞向右肩外側，拳心朝左，拳眼朝上，左拳沿順時針軌跡繞一小圈，仍落在左肩前；眼看右前下方。（圖三 203）

⑤腰漸漸左轉，重心略向左腿偏移，左膝略外展並向前弓屈，右腿微內旋並隱隱後蹬，催動右拳從右肩前弧形向

圖三 204

胸前撐擠，右拳拳心朝內，拳眼朝上，左拳沿順時針的右弧線下落，收向左腹前，拳心斜朝內，拳眼朝前上方；眼看右

圖三 205①   圖三 205②

拳。（圖三 204）

【要點】

圖三 199 兩手前推時是右肩開展，右臂圓撐，左臂屈肘，左手位於右肘左側 30 公分處；圖三 202 兩拳向左前方推撐時則是左肩開展，左臂略呈弧形圓撐，右拳位於左腕右側約 10 公分處。而後右拳沿斜圓路線在身體右側繞轉一周再向前推撐，腰部的旋轉要與上肢動作密切配合。

24.旋風腳

①腰先微向右後轉再向左轉，兩臂以肘為軸，兩拳沿順時針的下弧線向左上方繞轉，左臂順纏向左肩左前方伸展，拳心朝前，拳眼朝上，右臂逆纏屈肘環抱於胸前，拳心朝下，拳眼朝內；眼看前方。（圖三 205①②）

圖三 206　　　　　　　　圖三 207

　　②腰微向右轉，重心略向右偏移，右臂外旋，左臂內旋，兩拳左順右逆纏漸漸變掌繼續沿順時針的上弧線向右繞轉，再左逆右順纏繞至右下方，兩手手心朝右前方，指尖朝右上方；眼看前方。（圖三 206、207）

　　③腰漸左轉，重心移至左腿，左手逆纏繼續沿順時針的下弧線向左上方畫弧撐起，手心朝左前方，指尖朝右上方；右前臂外旋，右手順纏繞經襠前向前上方穿伸，手心朝左上方，指尖朝前；同時右腿屈膝向前上方抬起，右前臂沉於右膝內側；眼看前方。（圖三 208）

　　④兩前臂內旋，左手落向胸前，左腕搭貼於右腕上方，兩手心皆朝下；眼看前方。（圖三 209）

　　⑤兩臂向上掤抬，經面前向兩側分落，手心朝前，指尖朝上；右腿向前緩緩下落，右腳腳跟領先落地；眼看前方。（圖三 210）

圖三 208

圖三 209

圖三 210

圖三 211

⑥右腿外旋,右腳腳尖外撇落地,兩手弧形下落合向腹前,重心略前移,含胸,上體微前傾。(圖三 211)

圖三 212

圖三 213

⑦上身直起微向左轉，右臂逆纏沿順時針的左弧線上抬，右手遮護面部，手心朝前，左手順纏下落，手心朝右前方，指尖朝下；眼看右手。（圖三 212）

⑧重心略下沉，右手順纏沿順時針的右弧線落向左胯前，手心朝左上方，指尖朝左下方；同時左手順纏沿順時針的左弧線向上繞擺，側立於頸前，手心朝右，指尖朝前上方；眼看左前方。（圖三 213）

⑨左手向右肩前畫弧，右手逆纏向上掤抬至左肘前，兩前臂交搭於胸前，手心皆朝後下方；眼看左前方。（圖三 214）

⑩左腿向左前上方踢擺，同時兩臂平向兩側展開，左手逆纏向左橫拍左腳內側；眼看左腳。（圖三 215）

⑪左腿自然地屈膝下垂，左臂屈肘，左手收向胸前，手心朝下，右手放鬆稍下垂；眼看左前方。（圖三 216）

圖三 214

圖三 215

圖三 216

圖三 217

⑫ 右手逆纏沿順時針的下弧線經腹前繞至右肩前，手心朝前，指尖朝左；左手順纏弧形下落至左胯前，手心朝右，指尖朝下；眼看左前方。（圖三 217）

⑬ 左手順纏畫弧上抬，右手繼續繞圓下落至右胯外側，左腿隨之向上、向右踢擺，同時身體以右腳跟為軸向右轉；眼看右前方。（圖三 218、219）

圖三 218

圖三 219

⑭ 左手略向下沉，搭於右腕上側，右手食指自然地向前伸出；左腿隨身體右轉後落在右腳旁。（圖三 220、221）

⑮ 左腳腳尖微內扣，右腳腳尖略外展，重心偏於左

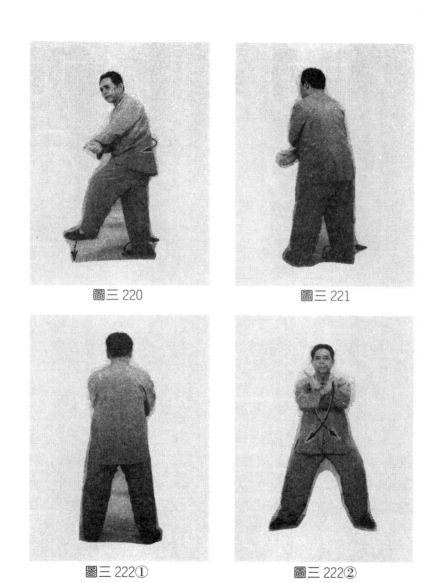

圖三 220

圖三 221

圖三 222①

圖三 222②

腿；兩手交叉於胸前，手指斜朝上；眼看前方。（圖三 222
①②）

223①   223②

⑯ 兩腿略向下屈蹲，襠部圓撐，重心隨之下沉，兩前臂微微外旋，兩手緩緩向下沉按並逐漸向兩側分開；眼看前下方。（圖三 223①②、224①②）。

【要點】

起腿時，支撐腿要微屈，全腳掌扣緊地面。圖三 211 兩手合向腹前時，全身皆向內含合；圖三 215 左手擊拍左腳時，全身皆向外開展；圖三 218、219 左腿裡合踢擺時，意念要引導身體向右上方升騰旋轉；圖三 223 兩手下按時，全身皆向下鬆沉，總之要一開俱開、一合俱合、一升俱升、一降俱降，內外一致、上下相隨。

25.右蹬腳

① 重心略向上移，兩手弧形向裡合抱，兩腕於胸前交搭（右手在外），手心皆朝前下方，隨即兩臂大開，兩手沿

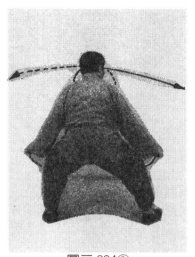

圖三 224①

圖三 224②

圖三 225

圓形的上弧線向左右緩緩圓撐，手心朝側前方，指尖朝上；
眼看右手。（圖三 225）

圖三 226　　　　　　　　圖三 227①

　　②重心略向右移，左腳向左橫跨小半步，隨即重心又
移向左腿，右腳前腳掌貼地拉向左腳內側成虛步；兩手握拳
弧形落向腹前，兩腕交搭（左臂在上），拳心朝內，拳眼朝
上；眼看右前方。（圖三 226、227①②）

　　③兩臂屈肘略向上抬，右腿屈膝提起，胸部微含，勁
氣隱隱向內含合蓄集；眼看右前方。（圖三 228①②）

　　④右腳腳尖微內扣，腳跟著力猛然向右下側蹬展，同
時左臂隨著周身的彈抖之勁向左上方撐架，右臂向右下方掤
彈，左拳拳心朝右，拳眼朝後，右拳拳心朝下，拳眼朝左；
眼看右前下下方。（圖三 229）

　　【要點】

　　右蹬腳要突出全身驟發的崩炸勁，做圖三 227 的蓄勁
時，內勁要鬆得下、蓄得足，圖三 228 的發勁才能收到暴烈
突然的效果；練習發勁要循序漸進，蓄發皆要自然合度，切

圖三 227②

圖三 228①

圖三 228②

圖三 229

忌故作姿態。

圖三 230　　　　　　　　圖三 231

26. 小擒打

　　① 右腳落向身前，前腳掌著地，上體稍向右轉，左腳跟略向外展；右前臂內旋屈肘上提，右拳變掌逆纏落經腹前向左上方繞轉至肩前，手心朝前，小指側朝上；左拳變掌逆纏，沿順時針的右弧線落至左胯前，手心朝下，指尖朝右；眼看右前方。（圖三 230）

　　② 右腳腳跟內扣，左腳腳跟外展，身體隨之右轉並向前傾俯；同時，右手沿順時針的右弧線順纏下落至小腹前下方，手心朝左上方，指尖朝左下方；左手順纏沿順時針的左弧線經胸前畫弧落至右前臂上，左手手心朝右下方。指尖朝前上方；眼看左前下方。（圖三 231）

　　③ 兩腿略蹬展，上體緩緩直起；左手逆纏繼續弧形下落向左胯外側撐展，手心朝下，指尖朝左前方；右前臂內旋

圖三 232

圖三 233

屈肘上抬，右手逆纏沿順時針
的左弧線向右額外側繞轉，手
心朝前，指尖朝左；眼看左前
方。（圖三 232）

　④左腿向前上步，左腳
腳尖略內扣落地。重心前移，
腰略向左轉，右腳尖自然地稍
向外展；左臂外旋屈肘上抬，
左手順纏沿順時針的左弧線向
上繞轉至左胸前，手心朝右上
方，指尖朝左上方；右手沿順
時針的右弧線順纏至左胯前

圖三 234

側，手心朝左，指尖朝下，雙手向內合勁；眼看左前方。
（圖三 233、234）

圖三 235　　　　　　　　圖三 236

　　⑤腰向右轉，重心略向右腿偏移，右臂內旋屈肘上
抬，右手逆纏沿順時針的左弧線向右額外側繞舉，手心朝
前，指尖朝左；左臂內旋，左手逆纏沿順時針的右弧線經腹
前向左胯外側撐展，手心朝下，指尖朝前；眼看左前方。
（圖三 235）

　　⑥腰微向左轉，重心略向左腿偏移，右手順纏沿順時
針的右弧線繞至襠前，右臂鬆垂，手心朝內，指尖斜向右下
方；左臂微微外旋；頭略低垂，眼看右手。（圖三 236）

　　⑦腰再向左轉，右臂逆纏屈肘上抬，右手繼續沿順時
針的左弧線向上繞轉，手心朝前下方，指尖朝左下方；左臂
繼續外旋，左手順纏，手心轉朝前，指尖朝左下方。（圖三
237）

　　⑧腰向右轉，重心略向右腿偏移，右手逆纏向右下方
畫弧捋至右胯前，手心朝下，指尖朝左前方；左臂外旋屈

圖三 237　　　　　　　　圖三 238

肘，左手順纏徐徐上托，手心
朝上，指尖朝左上方；眼看左
手。（圖三 238）

　⑨腰微向右轉，重心繼
續向右腿偏移；右臂外旋，
右手順纏沿逆時針的右弧線
向右上方繞轉伸展，手心朝左
前方。指尖朝右上方；左臂內
旋，左手順纏向右肩前畫弧側
按。手心朝右，指尖朝上；眼
看左前方。（圖三 239）

圖三 239

　⑩腰向左轉，隨著左腿
屈膝前弓，兩臂內旋，左手逆纏向左側掤擠，手心朝前下
方，右手逆纏經胸前隨著左手向左側擠按，手心朝前下方，

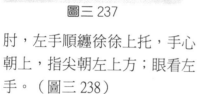

圖三 240　　　　　　　　圖三 241

指尖朝前上方，接著雙手略一鬆勁，左手稍向回收，右手從左腕下再次向左擠按；眼看右手（圖三 240、241）

⑪兩手握拳隨著身體右轉向左下、右上方弧形順纏雙開，重心漸漸偏向右腿；眼看左前方。（圖三 242、243）

⑫腰稍向左轉，兩拳鬆勁逆纏稍向下扣，接著腰再向右轉，開胸，重心稍偏右，同時雙拳順纏雙開，拳心翻向上；眼看左前方。（圖三 244）

⑬腰向左轉並略前俯，同時左拳在左側逆纏扣腕；右拳逆纏向左扣至右腕下，兩拳拳心朝下，重心偏向左腿，左腿屈膝前弓；眼看前下方。（圖三 245）

【要點】

兩手的圓轉升降要隨著腰部的左右旋轉進行，手臂的含展要與胸部的開合相一致。

圖三 242

圖三 243

圖三 244

圖三 245

圖三 246

圖三 247

27.抱頭推山

①上體直起並微向右轉，兩臂屈肘，兩拳提至胸前，拳心仍朝下，眼看左前方。（圖三 246）

②身體繼續右轉，重心移至右腿，左腳微抬，扣腳尖落實，兩拳拳心由下向內、向上翻轉，兩拳變掌，掌心朝上，仍左上右下交搭在腹前；重心移至左腿，右腳前腳掌貼地拉向左腳前；眼看前方。（圖三 247、248）

③兩手逆纏弧形下落向兩側展開，兩前臂內旋屈肘，兩手仍逆纏向兩肩上方畫弧托起，兩手手心斜朝前，指尖斜向上；重心隱隱向下沉墜；眼看右前方。（圖三 249、250）

④身體向右轉，重心向前移，右腳向右前方上一大步，同時兩手雙逆纏合向胸前並向前推按，虎口相對，手心朝前；眼看兩手指尖。（圖三 251）

圖三 248

圖三 249

圖三 250

圖三 251

【要點】

向右轉身收右腳，雙手展開、鬆勁是前推的蓄勁過程，

圖三 252　　　　　　　　圖三 253

雙手前推要與上步一致，體現出前推之勁是起於足、形於手的。

28.前後招

①腰向左轉，左膝外展前弓，右腿略伸展，重心向左腿偏移，左前臂逆纏，左前臂順纏，兩手隨轉身向左畫弧，手心朝前，指尖朝右上方；眼看右手。（圖三 252）

②身體右轉，重心移向右腿，右腳前腳掌貼地移至右腳後側成虛步；隨體轉，右前臂逆纏，左前臂順纏，兩手沿逆時針的左弧線經下向右前方繞轉推出，左手手心朝右前方，指尖朝前下方；右手手心朝前下方，指尖朝左；眼看右手。這便是前招。（圖三 253）

③兩臂鬆沉，兩手指尖皆向下垂，旋即以兩肘為軸，兩手沿順時針軌跡在胸前繞轉一周，左手手心朝右，指尖朝

圖三 254　　　　　　　　圖三 255

上，右手手心朝前，指尖朝前上方；眼先看右手，然後轉看
左前下方。（圖三 254）

　　④腰向左轉，左腳向左後方撤一步，右腳前腳掌貼地
拉回左腳前；兩手左逆右順纏，沿順時針的右下側弧線向左
繞轉捋引，左臂圓撐，左手高與肩平，手心朝前，指尖朝
右，右手位於腹前，手心朝左前下方，指尖朝右前下方；眼
看右手。（圖三 255）

　　【要點】

　　兩手的左旋右轉皆要在轉腰的帶動下進行。

29. 雙震腳

　　①腰微向右轉，左臂外旋，左手沿逆時針的左弧線順
纏而下，落至右腹前，手心朝右，指尖朝下；右臂屈肘略向
上抬，右手順纏至左腋前，手心朝左後上方，指尖朝左下

圖三 256　　　　　　　　　圖三 257

方；眼看前下方。（圖三 256）

　　②兩臂逆纏上抬，經面前向兩側畫弧，左手手心朝左，右手手心朝右，指尖皆朝前上方；眼平視前方。（圖三257）

　　③內氣下沉，重心向下移動，兩前臂順纏下落，左手落至小腹前，手心朝右上方，右手落至右大腿上方，手心朝左上方，兩手向內合勁，指尖皆朝前下方；眼看前方。（圖三258）

　　④兩臂繼續順纏，兩手徐徐向前上方托起，隨著兩手上托，右腿屈膝上提，左腿隨後蹬地躍起；眼平視前方。（圖三 259、260）

　　⑤左腳向下墜落，右腳隨後於左腳前方落地，兩腳落地時相繼發出兩聲沉悶的震腳聲；同時兩前臂內旋下沉，兩手逆纏向前下方按撻，右臂前伸，右手齊胸高，手心朝前下

圖三 258

圖三 259

圖三 260

圖三 261

方；左手位於右肘左側約 20 公分處，手心朝右下方，兩手
指尖皆朝前上方；眼看前方。（圖三 261）

圖三 262　　　　　　　　圖三 263

【要點】

　　左腳蹬地起跳時要隨著兩手的上提引領，連貫而自然地躍起，不要追求騰空的高度。身體下落時要伴隨著內氣的下沉，不要著意用力躁踩地面。震腳發出的聲響是周身鬆勁沉氣下落震踏所引起的，因是左先右後的接連兩聲震響，故稱為「雙震腳」。

30.玉女穿梭

　　①腰先微右轉再向左轉，同時右臂屈肘順纏收向胸前，右手先順後逆纏經面前沿逆時針方向繞轉一周後向身體右側撐展，手心朝右；左手順纏與右手在胸前相合後繞經右腕外側逆纏向左肩上方畫弧，兩手成斜開勁，右腳腳跟稍抬起；眼看右前方。（圖三 262）

　　②腰微向右轉，略含胸，兩手順纏沿逆時針的上下弧

圖三 264　　　　　　　　　圖三 265

線相合於胸前，兩腕交叉，右手在上，手心朝左上方，左手手心朝右上方；眼看前方。（圖三 263）

　　③腰略向左轉，兩前臂順纏再向裡合，手心轉朝身後，右腿屈膝提起，膝、踝關節微向內扣，腳尖略向上勾起；眼看右前方（圖三 264）

　　④腰微向左轉，右手逆纏走下弧線以掌小指側著力向右前方推撐，左手逆纏走上弧線向左上方畫弧，兩手成相開之勁，同時右腳腳跟著力猛向右前方蹬出，右腿在蹬直後的瞬間自然屈回；眼看右前方。（圖三 265）

　　⑤右腳落在左腳右前方 30 公分外，前腳掌著地，重心偏於左腿，接著腰向右轉，右手逆纏沿順時針前低後高的斜面向左畫弧至頸前。手心朝前，指尖朝左下方；同時左手先逆後順纏，在身體左側沿順時針的右弧線繞至左腹外，手心朝右前方，指尖朝下，雙手在胸腹前交叉繞過時，右手在左

圖三 266　　　　　　　　　　圖三 267

手的前上側經過；眼看前方。（圖三 266）

　　⑥右前臂外旋，右手順纏向前畫弧，以小指側掌緣向左平切，手心朝上，指尖朝右前方，高與肩平；左手沿順時針的左弧線上抬至左肩上，手心朝前下方，指尖朝後上方；眼看前方。（圖三 267）

　　⑦重心前移，右腳稍前移，落實後蹬地向前跳起，左腿跟著向前跨出，身體在空中向右旋轉，同時左手順纏經右手上方向前立掌穿出，然後向左展開，右手收經胸前向右撐展，兩掌變八字手，手心皆朝前下方；眼看左前方。（圖三 268、269、270）

　　⑧左腳落地，右腳經左膝後側向左後方插落，身體繼續右轉，兩手順纏沿順時針軌跡繞轉；左八字手隨體轉平向右移，手心朝右，食指尖朝上；右臂內旋屈肘，右八字手提至左肋側，手心朝內，食指尖朝左下方，兩手上下合勁，眼

圖三 268

圖三 269

圖三 270

圖三 271

看前方。（圖三 271、272）

圖三 272   圖三 273

⑨身體繼續右轉，胸腹略開展，左腳腳尖內扣，兩腿屈膝略蹲，重心隨體轉向右平移，右手逆纏上抬向右前方繞轉撐出，手心朝前下方，食指尖朝左；左臂內旋，左八字手變掌逆纏沿順時針的右弧線經右臂外側落向左胯外側，手心朝後，食指尖朝下；眼看右手。（圖三 273）

【要點】

在向前躥跳時，右腳蹬地、左腿前擺與左手穿出的動作要協調一致。不要追求騰空的高度。空中轉體的動作（圖三270）之後，左腳落地時身體向右轉了 90 度，右腳落地時身體又向右轉了 90 度，整個式子身體共向右轉了 270 度。躥跳要輕靈，下落要穩健，手、臂的動作要與旋腰轉體默契配合。老年人練習此式可不跳躍地走過去，但動作不可少。

圖三 274　　　　　　　　　圖三 275

31.穿心肘

①腰向左轉，重心向左偏移，右八字手順纏沿順時針的右弧線落向襠前，手心朝左，指尖朝下，右肩隨之鬆垂；左手順纏沿順時針的左弧線繞至胸前，手心朝右，指尖朝前上方。胸部內含，兩手向內相合；眼看右下方。（圖三274）

②右臂緩緩逆纏屈肘上提，右八字手漸握成拳，當右肘尖提至肩平時，隨內勁的驟然吐發，右肘猛向右上方穿頂發勁；左手逆纏沿順時針的右弧線按落至左胯前。左手與右肘成一左下、右上的斜開勁。重心隨發勁稍向右移，但仍略偏左。頭向右轉，眼看右上方。（圖三275）

【要點】

兩手圓轉繞行要隨腰轉而動，含合蓄勁過程要徐緩而順

圖三 276　　　　　　　　圖三 277

暢，頂肘發勁則要暴烈突然。年老體弱者可不發勁。

32.擺腳跌叉

①腰微向左轉，兩手伸指變掌，左逆右順纏，沿順時針的下弧線向左前方畫弧引領，左腿隨之屈膝前弓，頭隨身轉，眼看左前方。（圖三 276）

②腰微向右轉，重心略向右腿偏移；同時兩手左順右逆纏，沿順時針的上弧線向右畫弧繞轉，左手到右肩前，手心朝右後方，指尖朝上；右手與右腳尖垂直，高與肩平，手心朝右前方，指尖朝左前上方；眼平視前方。（圖三 277）

③腰微向左轉，重心移向左腿，右腳前腳掌貼地收至左腳旁成虛步；兩手左逆右順纏，繼續沿順時針的右弧線向下、向左繞轉，左手到左前方，高與肩平，手心朝左前下方，指尖朝右上方；右手到左腹前，手心朝左，指尖朝前；

圖三 278

圖三 279

眼看左手。（圖三 278）

　　④右腳全腳掌落實，右
腳屈膝略蹲，上身隨之微向右
轉，左腳微抬起向左前方斜上
一步；兩手左順右逆纏，繼續
沿順時針的上弧線向右後方繞
轉，右手手心朝右下方，指尖
朝右後上方；左臂屈於胸前，
左手手心朝下，指尖朝右；眼
看右前下方。（圖三 279）

圖三 280

　　⑤身體微向左轉，重心
移向左腿，右腳前腳掌貼地收
至左腳旁，兩手微向下沉落，周身鬆勁；眼看右前下方。
（圖三 280）

圖三 281　　　　　　　　　圖三 282

　⑥左腿微蹬直，同時右腳向前上方踢起後轉向右擺，
兩手手心斜朝前，左先右後依次迎擊右腳面外側；眼看兩
手。（圖三 281）

　⑦右腿屈膝，右腳下垂，兩手握拳，右拳逆纏沿順時
針的下弧線繞至右肩前，拳心朝下，左拳沿順時針的右弧線
落至左胯外，拳眼朝前；眼看前方。（圖三 282）

　⑧右腳震落，上身左轉，右拳順纏沿順時針的右弧線
落至左腹前，拳心朝左上方；左拳順纏沿順時針的上弧線繞
至右腹前，拳心朝上，拳眼朝左前方；眼看右拳。（圖三
283）

　⑨右腿稍伸直再屈膝全蹲，左腿腿肚貼地向前伸直，
左腳腳尖勾起，上身微左轉並略前俯；右拳逆纏沿順時針的
左弧線向頭右側畫弧，拳距頭約 20 公分，拳心朝頭部方
向；左拳順纏貼腹沿順時針的下弧線向左前上方穿伸，拳心

圖三 283

圖三 284

朝右上方。拳眼朝左上方；眼
看左前方。（圖三 284）

⑩右腿蹬地起身，上體
左轉，重心前移，左腳全腳掌
落實，左腿屈膝前弓，身體繼
續微向左轉，同時左拳順纏隨
重心前移向前上方鑽伸；右拳
順纏從右後方弧形下落至右胯
前；眼看左拳。（圖三 285）

【要點】

外擺腿不要過於追求腿的
擺動高度，腿的擺動路線呈扇

圖三 285

面形狀。下叉之前稍稍長身，體現欲下先上之意。圖三 284
左腿伸出與圖三 285 右腿蹬起的動作要連貫圓活，中間不要

圖三 286　　　　　　　　圖三 287

有斷續處。此式完成時身體已向左轉過 90 度。腰腿柔韌性差的人也可將下叉改做成仆步。

33.金雞獨立

　　①重心繼續前移，左腿緩緩直起，右腳微抬起收至左腳內側，前腳掌著地；兩拳變掌，左手順纏微向上、向裡畫弧至胸前，手心朝後上方，指尖朝右上方；同時右手順纏，走下弧線穿至左臂內側；眼看前方。（圖三 286）

　　②隨著右臂內旋，右手先順後逆纏經面前向右上方穿掤展開，手心朝右上方，指尖朝前上方；左前臂內旋，左手逆纏向左胯外側撐按，手心朝下，指尖朝前；兩手有一左下右上的斜開勁，同時右腿屈膝向上提起；眼看前方。（圖三 287、288①②）

　　③重心下沉，右腳落地震腳，右手隨之向下沉按，兩

圖三 288①

圖三 288②

圖三 289

手按於兩胯前側，手心朝下，指尖朝前；眼看前方。（圖三
289）

圖三 290① 圖三 290②

④腰微向左轉，左腿屈膝前弓，右腿略抬起向右橫開
一步，腳尖略外展落地；兩手左逆右順纏在胸前沿逆時針的
上弧線向上、向左畫弧繞轉，按落於身體左側，左手與肩
平，右手稍低，手心皆朝左前下方，指尖皆朝左前上方；眼
看左手。（圖三 290①②）

⑤腰略右轉，重心右移，右腿屈膝前弓，左腿略後
蹬；左臂外旋屈肘，左手順纏在胸前經下向右畫弧，置於右
肘上側，手心朝上，指尖朝右。右手稍放鬆；眼看前方。
（圖三 291）

⑥腰微右轉，重心移至右腳，左腳前腳掌貼地拉向右
腳旁，隨即左腿屈膝提起；同時左手逆纏經面前向左上方穿
掤展開，手心朝左，指尖朝上；右手逆纏弧形下落並向右胯
外側撐按，手心朝下，指尖朝前，兩手有一左上右下的斜開
勁；眼看前方。（圖三 292、293①②）

圖三 291

圖三 292

圖三 293①

圖三 293②

圖三 294   圖三 295

【要點】

　　兩手依圓繞轉要隨著重心的左右移換進行，兩手向兩側撐展、單腿支撐體重時，要伴隨著內氣的徐徐下沉，使動作做得舒展而穩健。

34.十字擺蓮

　　①左腳向左前方落地，腰微右轉，左臂內旋屈肘，左手先順後逆纏，沿順時針的右弧線經右胸前向左胯外側按落，同時右臂內旋，右手先順後逆纏沿順時針的左弧線在胸前經左臂外側向右上方纏繞掤展，右臂略屈，右手略高於肩，手心朝右前方，指尖朝左前方；眼看前方。（圖三294、295）

　　②腰稍左轉，重心偏左，右腳腳尖外展，左腿屈膝前弓；同時左手順纏沿順時針的左弧線收至左胸前，手心朝

圖三 296　　　　　　　　　圖三 297

上，指尖朝前；右臂順纏繼續沿順時針的右弧線落至左腹前，手心朝左，指尖朝前下方；眼看左手。（圖三 296）

③腰向右轉，重心向右偏移，左臂內旋下落，左手逆纏沿順時針的右弧線經右前臂內側向左胯外側繞轉按落，手心朝左下方，指尖朝左前方；同時右手逆纏向右上方屈肘捋開，手略高於肩，手心朝前，指尖朝左；雙手成一開勁，眼看左前方。（圖三 297）

④腰微向左轉，重心移到左腿，右腿提起落在左腳右側，前腳掌輕輕著地成虛步；左手順纏沿順時針的左弧線繞經左肩前，再到右肩前，手心從朝右上轉朝下；同時右手順纏沿順時針的右弧線落經腹前再到左肋側，右腕鬆弛，指尖下垂，手心朝下；右腳稍向裡併，眼先看前下方後轉看前方。（圖三 298、299）

圖三 298 圖三 299

⑤右腳向前上、向右踢擺，腳面繃平，左臂伸直，左
手向左前方拍擊右腳面外側。（圖三 300）

⑥右腿自然屈膝，小腿下垂，隨著身體右轉和展胯向
右旋擺，右前臂外旋，右掌變拳順纏沿順時針的上弧線向右
翻轉，拳心朝內，拳眼朝上；左手握拳順纏沿順時針軌跡繞
轉一小立圓後置於身體左側；眼看右拳。（圖三 301）

⑦重心下沉，右腳向左腳的右前方約 30 公分處落地震
腳，右拳隨之向下沉砸落至右胯前，左拳略向上抬，拳頂與
肩同高；眼看右拳。（圖三 302）

【要點】

右腿外擺與向右轉身、屈膝展胯要連貫進行，其間上下
肢動作均不要有斷續之處。

圖三 300

圖三 301

圖三 302

圖三 303　　　　　　　　圖三 304

35.指襠捶

①腰略右轉並向上伸展，重心上移，兩拳逆纏向下畫弧，後經胸前向頭右前方畫弧掤起，拳心斜相對，眼看前方。（圖三 303）

②腰向左轉，左腳腳跟略向外展，重心後移至左腿，兩拳順纏向下畫弧落至兩胯前，拳心相對；眼看右前方。（圖三 304）

③上身右轉，右腳稍提起，腳尖外撇後再落回原處；左臂外旋，右臂內旋，兩拳左順右逆纏，繼續沿順時針的左弧線向左後上方繞舉，左拳在左肩外，拳心朝上；右拳在左肩前，拳心朝下；眼看前方。（圖三 305）

④隨著身體右轉，左臂內旋，右臂外旋，兩拳左逆右順纏經上向前偏右方畫弧，左臂圓撐，左拳在胸前，拳心朝

圖三 305

圖三 306

下；右臂屈肘，右拳置於左肘右側 20 公分處，拳心朝上；眼看左拳。重心仍偏於左腳。（圖三 306）

⑤腰繼續右轉，兩拳繼續沿逆時針軌跡畫弧落向右胯外側；隨後左腳向左前方上一步；兩拳繼續向右後上方畫圓繞轉；左拳順纏向前翻轉下落，高不過胸，隨後左手拇指、食指自然伸出成八字手，手心朝上；右臂屈肘，右拳逆

圖三 307

纏經上向內畫弧落於右胸前，拳心朝上；眼看左前下方。（圖三 307、308①②）

圖三 308①

圖三 308②

⑥上身向左擰轉，左腿屈膝前弓，左臂屈肘回掛，左手收至左腹前，手心貼腹；同時，右臂內旋前伸，右拳逆纏向右前下方緩緩擊出，拳心朝下，上體略向前傾；眼看右拳。（圖三 309①②）

【要點】

右拳向前下擊捶要與左肘後掛成一開勁；腰左轉，弓左腿、蹬右腿與掛左肘、擊右拳要同時進行。

36.野馬分鬃

①身體左轉並直起，兩手變掌，左手順纏沿順時針的左弧線向左上方繞轉托起，手心朝前上方，右手逆纏也沿順時針的左弧線繞轉，經小腹前提至左胸前，手心朝下；眼看前方。（圖三 310）

②腰向右轉，重心向右腿偏移，右腿前弓，左腿略後

圖三 309①

圖三 309②

蹬，兩手左逆右順纏，繼續沿順時針的上弧線向右運行至右前上方，手指高與肩平，左手心朝右，右手心朝右下方；眼看左前方。（圖三 311）

③ 腰向左轉，左腳腳尖外撇，重心緩緩移向左腿，身體隨之向左轉，右腳抬起落在左腳前側，腳尖點地成虛步；同時左手逆纏在身前沿順時針畫一整圈按於胸前，手心朝下；右手順纏，沿順時針的右

圖三 310

弧線畫弧，落在左手下方，手心朝上，兩手手心相合；眼看右前方。（圖三 312）

圖三 311 圖三 312

④右腳向右前方上步，重心前移，右腿屈膝前弓，同時右手順纏向右前上方穿伸，手心朝上，指尖朝前，左手向左後方撐展，手心朝左後方。兩手成開勁；眼看右手。（圖三 313）

⑤腰向左轉，重心後移，右腳腳尖輕輕抬起，右手順纏向左畫弧至頭部左前方，左臂稍屈；眼看前方。（圖三 314）

⑥身體向右後轉，右腳腳尖外撇踏實，重心移至右腳，左腳提起向右腳前側落步，腳尖點地成虛步；同時右手逆纏在身前沿逆時針軌跡畫弧至胸前，手心朝下；左手逆纏沿逆時針的下弧線繞到右手下方，手心朝上，兩手手心相合；眼看左前方。（圖三 315）

⑦左腳向左前方上步，重心前移，左腿屈膝前弓；左手順纏向左前上方穿伸，手心朝上，指尖朝前；右手向右後

圖三 313

圖三 314

圖三 315

圖三 316

方撐展，手心朝右後方，兩手成開勁；眼看左手。（圖
316）

圖三 317

圖三 318

【要點】

兩手依圓繞轉要隨旋腰轉體而行，兩腳交替上步時落地要輕而穩。此式身體先向左轉了 90 度，又向右轉了 180 度，到定式時與上式「指襠捶」的朝向一致。

37. 運手

①左臂內旋，右臂外旋，兩手左逆右順纏，同時沿順時針的右弧線向腹前繞轉，手心相對，指尖朝前下方；眼看左前方。（圖三 317）

②左臂外旋，右臂內旋，腰先向左轉再向右轉，重心右移，兩手同時沿順時針軌跡繞轉，左手順纏至胸前，手心朝右上方，指尖朝前；右手逆纏至右肩前，手心朝前，指尖朝左；眼看左前方。（圖三 318、319）

③左腳腳尖外撇，身體左後轉，右腳向前上半步，腳

圖三 319

圖三 320

尖點地落於左腳前側；左手逆
纏隨轉體向左前方撐展，手高
不過乳；同時右手順纏也隨轉
體沿順時針方向纏繞落至腹
前，手心朝左，指尖朝前下
方；眼看前下方。從上式末至
此身體已向左轉過了 180 度。
（圖三 320、321）

　④腰微向右轉，右腳向
右橫開半步後落實，左腳隨即
向右橫移半步，腳尖點地；右
手逆纏沿順時針軌跡向右上側

圖三 321

捋帶展開，手心朝前，指尖朝左；左手順纏沿逆時針的左弧
線捋至右腹前，手心朝右，指尖朝下；眼看前方。（圖三

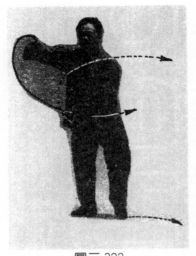

圖三 322　　　　　　　圖三 323

322）

　　⑤腰向左轉，左腳向左橫開一步，左腿屈膝前弓，左手逆纏沿逆時針的右弧線上提並向左側捋帶展開，手心朝左，指尖朝右前方；右手順纏沿順時針的右弧線捋至左腹前，手心朝左後方，指尖朝左前下方；眼看左下方。（圖三323）

　　⑥腰漸向右轉，重心右移，右腿屈膝前弓，左腿略蹬展；同時右手逆纏沿順時針的左弧線上提並向右側捋帶展開，手心朝右前方，指尖朝左前方；左手順纏沿逆時針的左弧線繞至腹前，手心朝右，指尖朝下；眼看右手（圖三324），然後原地重複做一次圖三323、324的動作。

　　⑦腰漸向左轉，重心左移，右腳略提起經左腿後側向左插落；同時左臂內旋，左手逆纏沿逆時針的右弧線上提並向左側捋帶展開，手心朝左，指尖朝前上方；右手順纏沿順

圖三 324

圖三 325

時針的右弧線落至腹前，手心朝左，指尖朝左下方；眼看左手。（圖三 325）

⑧腰微向右轉，同時右手逆纏沿順時針的左弧線上提並向右側撐展，手心朝右，指尖朝左前方；左手順纏沿逆時針的左弧線落至腹前，手心朝右，指尖朝前下方；眼看左手。（圖三 326）

圖三 326

⑨至⑫重複⑤至⑧的動作。（圖三 327、328、329、330）

⑬腰微向右轉，左手逆纏沿逆時針向右腹前畫弧，鬆

圖三 327

圖三 328

圖三 329

圖三 330

圖三 331　　　　　　　　圖三 332

腕垂指，同時右手逆纏，鬆腕下垂，在左手外側與之交搭，
眼看前下方。（圖三 331）

【要點】

　　上肢與下肢的動作要以腰為樞紐銜接貫串，速度要和
緩、均勻，動作運行起來連綿不斷。

38.高探馬

　　①腰微向左轉，左腳向左橫邁一步；兩臂交叉向上抬
起，兩手雙逆纏經面前分向兩側畫弧，胸部隨之開展，手心
朝外，手指斜朝上；眼看右前下方。（圖三 332）
　　②腰繼續向左轉，重心移至左腿，左腿屈膝前弓，右
腳稍向前移步；左手順纏向右畫弧至胸前，手心朝右，指尖
朝右前上方；右手順纏隨身體左轉沿順時針的下弧線向前上
方撩起，右前臂貼於左腕下，右手手心朝左上方，指尖朝

圖三 333

圖三 334

前；眼看右手。（圖三 333）

　　③腰微向右轉，重心向右腿偏移，兩手先在胸前順纏相合，而後右手逆纏沿逆時針的下弧線向右側展開。手心朝側下方，指尖朝前；左手逆纏沿順時針的右下弧線向左前方展開，手心朝左下方，指尖朝左前方；眼看左前方。（圖三334）

　　④腰微右轉，重心再向右移，右手順纏向後、向上畫弧，接著屈肘收至右肩前，手心朝上，指尖朝右；左手順纏翻掌，手心朝上，指尖朝左；眼看左前方。（圖三 335）

　　⑤右腳腳尖內扣，腰向左轉，重心移至右腿，同時左腳撤至右腳後側，腳前掌虛點地面；同時右手逆纏經右耳側和左手上方緩緩向前推出，手心朝右下方，指尖朝前；左手收經胸前落至左側腰際，手心朝上，指尖朝右；眼看右手。（圖三 336、337①②）

圖三 335

圖三 336

圖三 337①

圖三 337②

圖三 338　　　　　　　　圖三 339

【要點】

從運手到高探馬定式，身體向左轉了 180 度，但動作的行進方向始終是一致的。

39.左右擦腳

①腰沿順時針軌跡自下而後經上向前繞轉，帶動右手先順後逆纏在身體右側沿順時針繞一立圓，最後仍置於身體右側，手心朝右前方，指尖朝上；同時左手在腹前也沿順時針繞一小立圓；眼看右手。（圖三 338、339）

②腰先微左轉，兩腿屈膝略蹲，右手隨著重心下沉順纏弧形落至右胯前，手心朝左前方，指尖朝右前方。（圖三 340）

③腰向右轉，右臂內旋屈肘上提，左手手背貼靠右腕背側，雙手徐徐向右前掤至右胸前，兩臂撐圓；眼看前方。

圖三 340

圖三 341

圖三 342

圖三 343

（圖三 341、342）

　　④腰微向左轉，右手逆纏向右前上方徐徐開展，左手順纏弧形向左下方徐徐開展；眼看右手。（圖三 343）

圖三 344　　　　　　　　　　圖三 345

⑤左腳經右腳前向右前方落步，腳尖微外撇，右手順
纏弧形下落至腹前，手心朝左，指尖朝前下方；左手順纏沿
順時針的上弧線經面前繞至胸前，前臂搭在右前臂上方成合
勁。手心朝右，指尖朝前上方；眼看右前方。（圖三 344、
345）

⑥腰漸漸伸展，雙手逆纏向上畫弧，右手舉於頭右側
上方，手心朝前，指尖朝左上方；左手逆纏向左展開，手心
朝左，指尖朝上；眼看右前方。（圖三 346）

⑦重心移至左腳，右腳腳面繃平向前上方踢擺，右手
下落迎擊右腳腳面。（圖三 347）

⑧右腿略屈膝，右腳自然地向下垂落；右手沿順時針
的右下弧線向左運行，左手沿順時針的左上弧線向右運行，
兩臂左上右下交搭於胸前，兩手手心皆朝下；眼看前方。
（圖三 348、349）

圖三 346

圖三 347

圖三 348

圖三 349

圖三 350

圖三 351

⑨右腿前伸下落，右腳腳尖外撇落於左腳前一步遠處，腳外側著地，腰微右轉，雙手逆纏沿順時針軌跡畫弧；右手沿上弧線向右運行，左手沿下弧線向左運行，置於身體兩側，手心朝側前方，眼看前方。（圖三 350）

⑩腰向右轉，右腳尖外撇並落實，雙手順纏繼續沿順時針畫弧，左手沿上弧線經面前運行到右肩前，手心朝右，指尖朝上；右手沿下弧線向左前方抬起，指尖朝左前方，手心朝左後方，兩臂屈肘相搭合於胸前，右臂在外；眼看左前方。（圖三 351、352）

⑪兩手經面前向兩側分開，手指稍高於肩，兩臂自然微屈，重心移至右腳。隨即左腿伸直向前上方踢擺，左手下落拍擊左腳腳面；眼看左手。（圖三 353、354）

【要點】

左右擦腳的動作要處理好節奏的變換，拍腳之前的兩臂

圖三 352

圖三 353

纏繞運行要做得柔和、徐緩，起腿與拍腳則要突然、快速，這種快慢相間、剛柔相濟的有機結合才能使動作更富於活力和韻味。

40.左蹬腳

圖三 354

①左腿自然下落，左腳前腳掌虛點地面，落於右腳前方；左手弧形向上抬起，手心朝前，指尖朝上，右手落經腹前向前上方畫弧抬起，手心朝左下方，指尖朝上；眼看前方。（圖三 355）

②腰微向右轉，兩手同時沿逆時針的左弧線下落，左

圖三 355　　　　　　　　　　　　圖三 356

手順纏繞經右胸前隨左前臂外旋向前方穿伸，右手順纏隨右前臂外旋，屈肘向上托起，手心朝上，指尖朝右；眼看左前方。（圖三 356、357）

③身體左轉，左腳向後撤一步，前腳掌虛點地面，右腳腳尖內扣，左手逆纏右移，右前臂內旋，右手逆纏收至左肩前，手心朝下，指尖朝左；眼看右前方。（圖三 358）

④腰向左轉，兩手向身體兩側緩緩伸展開，兩手手心朝右，指尖朝前，胸隨之外開；眼看前下方。（圖三 359）

⑤腰微左轉，重心左移，右腳落實，兩腿略下蹲，兩臂弧形下落，伴隨著合胸，兩腕合於腹前交搭，左臂在外，兩手手心朝內，指尖朝下；眼看前下方。（圖三 360）

⑥重心移至左腿，右腳向右側橫跨半步；同時兩手逆纏從上向兩側畫弧分開，兩臂開平，手心朝前下方；眼看右前下方。（圖三 361）

圖三 357

圖三 358

圖三 359

圖三 360

圖三 361

圖三 362

⑦重心移至右腿，身體微向左轉，左腳略向右移，前腳掌虛點地面；同時兩臂繼續弧形下落，兩手順纏漸漸握拳合至腹前，拳心朝內，兩腕交搭，左腕在外；眼看左前方。（圖三 362）

⑧左腿緩緩屈膝上提，隨即全身陡然發力催動左腳向左側蹬出，同時兩拳也猛然向兩側發勁彈出，兩拳拳心朝下。（圖三 363、364）

【要點】

圖三 357 至圖三 359 撤步轉身向左轉了 180 度，動作要輕靈、圓活；圖三 360 至圖三 362 兩腿的虛實轉換要沉穩、連貫，周身上下協調一致；圖三 363 兩手向內含合，左腿向上收提時，速度徐緩，勁要鬆沉；圖三 364 左腳蹬出、兩臂向外撐展時，動作要暴烈突然，周身的勁氣在瞬間宣泄於勢中。年老體弱者可不發勁，只緩緩蹬出即可。

圖三 363

圖三 364

41.連珠炮

①左腿下落，左腳前腳掌
著地成虛步，身體略向左轉，
兩拳變掌，右手順纏沿逆時針
的上弧線經頭前上方向左胸前
畫弧，左手也沿逆時針畫一小
圈落至右手前上方，兩手手心
朝前，指尖朝上；眼看左手。
（圖三 365）

②兩手繼續沿逆時針軌
跡向下、向右後将，繼而經後

圖三 365

向上、向前畫弧；身體左後轉，左腳向後撤一步，重心移至
左腳，右腳略向後移，腳跟抬起；左手弧形下落，隨轉身向

圖三 366   圖三 367

左上方提起，手心朝右，指尖朝前下方，右手沿弧形路線收
至左胸前，手心朝左上方，指尖朝左前方；眼看右前方。
（圖三 366、367、368）

　　③腰向右轉，右腳向前衝進半步，左腳隨即跟進半
步，重心稍偏左腳，兩前臂內旋，兩手雙逆纏隨動步向前發
力推出，手心朝前下方，指尖朝前斜上方，虎口相對；眼看
右手。（圖三 369）

　　④腰沿順時針軌跡由下而左經上向右轉一小立圓，重
心隨之先微向後再微向前移，同時兩手經下稍向後撤，兩手
背側輕搭再向上、向前掤擠繞轉一圈，左手手心朝內在裡，
右手手心朝前在外；眼看前方。（圖三 370）

　　⑤腰向左轉，重心移至左腳，兩臂沿弧形路線向前上
方鬆展，兩手在兩腕伸平後隨身體左轉弧形向右下将，左手
手心朝裡置於腹前，右手手心朝左落於右胯前側；眼看前

圖三 368

圖三 369

圖三 370

圖三 371

方。（圖三 371）

　　⑥腰繼續左轉，右腿略向後收，腳跟抬起，隨著重心

圖三 372

圖三 373

下降，左手弧形向後上方抬至肩平，手心朝右前方，右手繼續循圓形軌跡畫弧，收於襠前；眼看前方。（圖三 372）

⑦右腳抬起向前衝蹬半步，左腳隨後跟進半步；兩手經左腋前隨上步向前發勁推出，手心朝前下方，指尖朝前上方；眼看前方。（圖三 373、374、375）

以下重複④—⑦的動作兩遍。（圖三 376、377、378、379、380、381、382、383、384、385、386、387）

【要點】

連珠炮的動作是雙掌在兩腳衝蹬上步的配合下連續向前衝撞三次，其間上下肢動作要默契配合，進退一致；周身勁氣的含展吞吐皆隨著動作的需要而運行。運行節奏要緩急相應，柔時（圖三 370 至 372）徐緩，剛時（圖三 373 至 375）突發。

圖三 374

圖三 375

圖三 376

圖三 377

圖三 378

圖三 379

圖三 380

圖三 381

圖三 382

圖三 383

圖三 384

圖三 385

圖三 386

圖三 387

42. 白猿獻果

①腰向左轉，隨著重心後移偏向左腿，左腿略弓，右腿伸展，兩手抓握成拳，雙順纏弧形向左下方拉至腹前；兩拳小指側輕貼腹部，拳心朝上；眼看右前下方。（圖三388）

②腰略向右轉，重心前移，右腿前弓，左腿伸展，兩臂內旋，兩拳雙逆纏沿順時針的左弧線向上、向前掤擠伸出，高與肩平，左拳拳心朝下，右拳拳心朝左；眼看右拳。（圖三389）

③腰微向左轉再向右轉，重心稍後移再向前移，左腳向前上步，腳尖外撇落在右腳前約40公分處，同時雙拳先順後逆纏，在身前沿順時針軌跡繞一立圓，左拳心朝裡，右拳心朝下；眼看右拳。（圖三390）

圖三 388

圖三 389

圖三 390

圖三 391　　　　　　圖三 392

④腰向右轉，兩腿屈膝略蹲，同時兩拳先左順右逆纏，再左逆右順纏，沿順時針的右弧線繞轉下落，左拳貼近上腹部，拳心朝裡，右拳落於右胯前，拳心朝左；眼看前下方。（圖三 391）

⑤身體左轉，重心移至左腳，隨著左腿漸漸蹬直，右腿屈膝上提；同時左拳順纏拉至左側腰際，拳心朝上；右拳順纏向前上方鑽頂，拳心朝裡；眼看右拳。（圖三 392）

【要點】

動作要圓轉自如，上下相隨。

43.雀地龍

①隨著重心下降，左腿略屈膝，右腳沉穩地向下鬆勁墜落震踏，重心仍在左腿，右拳隨右腿下落而向下沉砸，拳心朝左上方；同時左臂屈肘，左拳上提至左肩前，拳心朝

圖三 393

圖三 394

裡；眼看前下方。（圖三 393）

　　②右腳震腳後旋即略抬起，腳尖裡扣再落回原處，身體略直起並微向左轉，同時左拳在左側先逆後順纏，沿順時針繞一立圓仍到左肩前，拳心朝上；右拳在右側先逆後順纏，沿順時針繞一立圓置於右胯前，拳心朝左，兩手向內合勁；眼看左拳。（圖三 394）

　　③身體繼續左轉，重心落在右腳，左腳腳跟抬起並內旋，左拳順纏收向胸前，拳心朝後上方；右拳經襠前擺向左胯前，拳心朝左；眼看前下方。（圖三 395）

　　④腰向右轉，右臂逆纏屈肘上提，右拳拳心朝下置於頸前；左臂逆纏，左拳貼右胸前弧形落向左胯外側，拳心朝後，兩拳在胸前交叉繞過；眼看左前下方。（圖三 396）

　　⑤腰繼續右轉，右腿全蹲，左腳向左橫跨一大步，全腳著地成仆步，左腿平鋪略伸直；同時左拳逆纏沿左腿上側

圖三 395　　　　　　　　　圖三 396

向左腳上方鑽出，拳心朝後；右拳逆纏略向右拉，拳心朝前下方；眼看左拳。（圖三 397）

【要點】

轉身、仆腿與左臂向前穿伸要銜接得連貫、緊湊，動作要舒展大方。

44.上步七星

①身體左轉，重心向左腿偏移，右腿漸漸蹬伸，左腿屈膝前弓，左腳腳尖略向外展；同時左拳向前上方順纏擰轉鑽伸，拳心朝後上方；右前臂外旋，右拳順纏沉落於右胯前，拳心朝左上方；眼看前方。（圖三 398）

②重心前移，左腳腳尖略向外撇，左腿蹬地起身，右腳向前上步；隨著身體前移，右拳逆纏從左拳下向前打出，拳心朝左，拳眼朝上；同時左拳逆纏回收，拳心朝下扣貼在

圖三 397

圖三 398

右肘上側；眼看右拳。（圖三399）

③身體重心稍後移，右拳向下、向內復向上、向前翻轉掤出，左腕與右腕相貼，隨之翻轉前掤，同時重心前移。右拳在前，兩拳拳心朝裡；眼看左拳。（圖三400）

④重心後移，右腳腳尖翹起，兩拳變掌略向後收，隨即兩前臂內旋，兩掌掌心在胸前翻轉朝前，右掌仍在前，而

圖三 399

後隨著重心前移，右腳踏實，右腿屈膝前弓，兩掌向前按撐，兩臂撐圓，眼看前方。（圖三401、402、403）

圖三 400

圖三 401

圖三 402

圖三 403

圖三 404　　　　　　　　　圖三 405

【要點】

　　右拳打出後（圖三 399），兩拳先由前經下向裡復向前繞轉掤出，而後變掌再由前經上向裡復向下、向前繞轉按撮，隨後兩臂有個暗暗圓撐的過程，動作過程要交代清楚，目光隨兩臂翻轉而移動。

45.退步跨虎

　　①身體右轉，右腳向左腳後撤一大步，左腳尖隨之內扣，兩腿屈蹲成馬步，同時兩手順纏收至胸前，右手在外，指尖朝上；眼看前下方。（圖三 404）
　　②兩手弧形下捋至兩膝前，手心朝下；眼看前方。（圖三 405）
【要點】
　　站好馬步後兩手再下捋，兩臂兩腿都鬆沉地撐圓，襠也

圖三 406　　　　　　　　圖三 407

要圓。

46. 煞腰壓肘

①重心緩緩移向右腿，右腿漸伸直，左腳輕輕抬起向右橫移半步，腳前掌虛點地，右手沿逆時針的右弧線順纏上提，側立於右肩前，手心朝左，指尖朝前上方；左手順纏收至腹前，手心朝右，指尖朝前；眼看右手。（圖三 406）

②上體微向左轉，兩手沿逆時針軌跡畫弧，左手逆纏繞至左肩的左前方，手心朝左前方，指尖朝右上方；右手先逆後順纏繞至左肩前，手心朝上；眼看前方。（圖三 407）

③身體右轉，左腿內旋，左腳腳尖內扣落於右腳前；左手順纏沿逆時針軌跡繞一小立圓，手心朝前上方，指尖朝左；右手逆纏沿逆時針的左弧線繞至左胸前，手心朝下；眼看左手。（圖三 408）

圖三 408

圖三 409

④右腳腳尖外撇，身體繼續右轉，兩臂隨轉身平移；眼看左手。（圖三 409）

⑤身體繼續右轉，重心移至右腿，隨著左腿抬起向上、向右掄擺，然後屈膝，左腳不勾不繃，自然地收提於右腿前方，兩手隨轉體平向右移，右臂略屈，圓撐於身體右側，手心仍朝下；左臂於胸前屈肘，左手手心朝上；眼看前方。（圖三 410）

圖三 410

⑥左腳腳尖內扣向前落地，身體隨即右轉；兩手隨體轉緩緩向右伸展，兩手手心斜相對；眼看右手。（圖三

圖三 411　　　　　　　　圖三 412

411）

　　⑦兩手沿順時針的上弧線繞轉前伸再屈指握拳，接著
腰向左轉，重心移向左腿，左腿屈膝弓出，同時兩拳隨腰轉
在身前沿順時針的右弧線向左繞行，右拳收至腹前，拳心朝
裡，拳眼朝上；左拳順纏引向後上方，拳心朝右上方，拳眼
朝左上方。（圖三 412、413）

　　⑧腰向右轉，右臂外旋，右拳順纏繼續沿順時針軌跡
上提後向右下方畫弧，落至右膝旁，右肘也向下沉壓，拳心
朝左，拳眼朝上；左拳畫弧上穿，拳心朝前，拳眼朝右上
方；眼看前方。（圖三 414）

　　【要點】

　　從圖三 406 至圖三 410，身體向右後轉了 180 度，接著
又向右轉了 90 度，到定式時又向右轉了 90 度，這樣整個式
子共向右轉了 360 度。最後的煞腰壓肘要體現出肘的動作是

圖三 413

圖三 414

由腰帶動出勁的。

47.當頭炮

①隨著重心微向前移，右拳逆纏沿順時針的左弧線上提至右肩前，拳心朝左下方，拳眼朝裡；左拳逆纏弧形向右前移到左肩前，拳心朝前下方；眼看前方。（圖三 415）

②腰向左轉，重心向左腿偏移，兩臂外旋，兩拳順纏沿順時針的右弧線畫弧下落，

圖三 415

左拳落於左腹前，拳心朝裡，右拳落於襠前，拳心朝左下方；眼看右前方。（圖三 416）

圖三 416　　　　　　　　　　圖三 417

③身體略向右轉，右腳前腳掌貼地拉至左腳右側，隨即屈膝向上提起；同時右臂逆纏，左臂順纏，兩拳沿順時針軌跡向後上方畫弧提舉，左拳拳心朝上，右拳拳心朝下扣於左肩前；眼看前下方。（圖三 417、418）

④身體右轉，右腳腳尖外撇落地震踏，重心移至右腳，左腳腳跟提起；右拳順纏經額前於右腳落地的同時向右胯側畫弧沉落，拳心朝左上方；左拳逆纏弧形扣按於胸前，拳心朝下；眼看前方。（圖三 419）

⑤右拳隨著腰微右轉向後擺動，拳心朝左，拳眼朝前；左拳逆纏弧形落於腹前，拳心朝裡，拳眼朝上；眼看前下方。（圖三 420）

⑥身體微向左轉，左腳向前上步，重心向左腿偏移，左腿屈膝前弓；左拳逆纏向前上方畫弧掤擠，拳背朝前，拳眼朝上；同時，右拳隨臂肘微屈略上提，與左臂同時向前掤

圖三 418

圖三 419

圖三 420

圖三 421

擠，拳心朝左，拳眼朝上，雙拳向前掤擠時可以發勁，也可
不發勁；眼看前方。（圖三 421）

| 圖三 422 | 圖三 423 |

【要點】

煞腰壓肘後，兩臂先在身體左側沿順時針方向立轉一周，轉身震腳後又在身體右側沿逆時針方向立轉半周再向前掤擠。該式動作要緩急相應，兩臂依圓掄繞時要悠柔和緩，震腳、發當頭炮則要頓挫有力。

48. 收　式

①腰向右後轉，重心向右腿偏移，兩拳變掌，兩手左順右逆纏，沿順時針路線稍向前、復向上、向右後方畫弧，右臂微屈圓撐，手心朝右下方，指尖朝前，左臂屈肘，左手繞至右肩前，手心朝後，指尖朝前上方；眼看左前方。（圖三 422）

②身體左轉，左腳尖外撇，重心移至左腳，右腳向前上步，腳前掌虛點地面，同時左手逆纏沿順時針方向經腹前

圖三 424　　　　　　　　圖三 425

隨轉身向左畫弧至左前方，手心朝左前方；右臂外旋，右手
順纏沿順時針的右下弧線向前畫弧撩出，手高不過腰，手心
朝前，接著左手順纏向右畫弧，落於右肘內側，手心朝後，
指尖朝右；眼看前方。（圖三 423、424）

　　③左腳腳尖微內扣，重心移至左腳，右腳向後撤步，
兩腳平行開立；左手向左下方順纏至腰前，手心朝上，右手
撤到左手上，兩手輕貼，手心朝上；眼看前方。（圖三
425）

　　④兩手向下再經體兩側向上伸展，復經面前按落於腹
前，兩手相距約 30 公分，虎口相對，手心朝下，兩腿微
蹲；眼看前下方。（圖三 426、427、428、429）

　　⑤兩掌緩緩地按向兩胯側。兩腿漸漸伸直，頭虛領頂
勁，指尖漸漸下垂，右腳向左橫移半步，氣沉丹田，目光先
　　向前平視後轉向內收斂。（圖三 430、431）

圖三 426

圖三 427

圖三 428

圖三 429

圖三 430　　　　　　　　　　圖三 431

四十八式太極拳拳歌

　　四十八式太極拳，去簡刪重悉心研，
　預搗扎封鞭亮翅，斜行提收蹚步掩，
　披身背靠出水龍，雙推三換肘底卷，
　退步中閃擊地起，獸頭旋風右蹬險，
　擒打抱推雙招震，兩穿跌叉立擺蓮，
　指襠分鬃運手式，探馬雙擦左蹬展，
　連珠炮後猿獻果，地龍上步跨虎現，
　煞腰壓肘當頭炮，收式斂氣歸丹田。

大展出版社有限公司
品冠文化出版社 圖書目錄

地址：台北市北投區(石牌) 　　電話：(02)28236031
　　　致遠一路二段 12 巷 1 號 　　　　28236033
郵撥：01669551＜大展＞ 　　　　　　28233123
　　　19346241＜品冠＞ 　　傳真：(02)28272069

・熱 門 新 知・品冠編號 67

1.	圖解基因與 DNA	（精）	中原英臣主編	230 元
2.	圖解人體的神奇	（精）	米山公啟主編	230 元
3.	圖解腦與心的構造	（精）	永田和哉主編	230 元
4.	圖解科學的神奇	（精）	鳥海光弘主編	230 元
5.	圖解數學的神奇	（精）	柳 谷 晃著	250 元
6.	圖解基因操作	（精）	海老原充主編	230 元
7.	圖解後基因組	（精）	才園哲人著	230 元
8.	圖解再生醫療的構造與未來		才園哲人著	230 元
9.	圖解保護身體的免疫構造		才園哲人著	230 元
10.	90 分鐘了解尖端技術的結構		志村幸雄著	280 元

・名 人 選 輯・品冠編號 671

1.	佛洛伊德	傅陽主編	200 元
2.	莎士比亞	傅陽主編	200 元
3.	蘇格拉底	傅陽主編	200 元
4.	盧梭	傅陽主編	200 元

・圍 棋 輕 鬆 學・品冠編號 68

1.	圍棋六日通	李曉佳編著	160 元
2.	布局的對策	吳玉林等編著	250 元
3.	定石的運用	吳玉林等編著	280 元
4.	死活的要點	吳玉林等編著	250 元

・象 棋 輕 鬆 學・品冠編號 69

1.	象棋開局精要	方長勤審校	280 元
2.	象棋中局薈萃	言穆江著	280 元

・生 活 廣 場・品冠編號 61

1.	366 天誕生星	李芳黛譯	280 元

・女醫師系列・ 品冠編號 62

・傳統民俗療法・ 品冠編號 63

14. 神奇新穴療法　　　　　　　　吳德華編著　200元
15. 神奇小針刀療法　　　　　　　韋丹主編　　200元

・常見病藥膳調養叢書・ 品冠編號631

1. 脂肪肝四季飲食　　　　　　　蕭守貴著　　200元
2. 高血壓四季飲食　　　　　　　秦玖剛著　　200元
3. 慢性腎炎四季飲食　　　　　　魏從強著　　200元
4. 高脂血症四季飲食　　　　　　　薛輝著　　200元
5. 慢性胃炎四季飲食　　　　　　馬秉祥著　　200元
6. 糖尿病四季飲食　　　　　　　王耀獻著　　200元
7. 癌症四季飲食　　　　　　　　　李忠著　　200元
8. 痛風四季飲食　　　　　　　　魯焰主編　　200元
9. 肝炎四季飲食　　　　　　　　王虹等著　　200元
10. 肥胖症四季飲食　　　　　　　李偉等著　　200元
11. 膽囊炎、膽石症四季飲食　　　謝春娥著　　200元

・彩色圖解保健・ 品冠編號64

1. 瘦身　　　　　　　　　　　　主婦之友社　300元
2. 腰痛　　　　　　　　　　　　主婦之友社　300元
3. 肩膀痠痛　　　　　　　　　　主婦之友社　300元
4. 腰、膝、腳的疼痛　　　　　　主婦之友社　300元
5. 壓力、精神疲勞　　　　　　　主婦之友社　300元
6. 眼睛疲勞、視力減退　　　　　主婦之友社　300元

・休閒保健叢書・ 品冠編號641

1. 瘦身保健按摩術　　　　　　　聞慶漢主編　200元
2. 顏面美容保健按摩術　　　　　聞慶漢主編　200元
3. 足部保健按摩術　　　　　　　聞慶漢主編　200元
4. 養生保健按摩術　　　　　　　聞慶漢主編　280元

・心 想 事 成・ 品冠編號65

1. 魔法愛情點心　　　　　　　　結城莫拉著　120元
2. 可愛手工飾品　　　　　　　　結城莫拉著　120元
3. 可愛打扮 & 髮型　　　　　　結城莫拉著　120元
4. 撲克牌算命　　　　　　　　　結城莫拉著　120元

・少 年 偵 探・ 品冠編號66

1. 怪盜二十面相　　（精）　江戶川亂步著　特價189元
2. 少年偵探團　　　（精）　江戶川亂步著　特價189元

3. 妖怪博士	（精）	江戶川亂步著	特價 189 元
4. 大金塊	（精）	江戶川亂步著	特價 230 元
5. 青銅魔人	（精）	江戶川亂步著	特價 230 元
6. 地底魔術王	（精）	江戶川亂步著	特價 230 元
7. 透明怪人	（精）	江戶川亂步著	特價 230 元
8. 怪人四十面相	（精）	江戶川亂步著	特價 230 元
9. 宇宙怪人	（精）	江戶川亂步著	特價 230 元
10. 恐怖的鐵塔王國	（精）	江戶川亂步著	特價 230 元
11. 灰色巨人	（精）	江戶川亂步著	特價 230 元
12. 海底魔術師	（精）	江戶川亂步著	特價 230 元
13. 黃金豹	（精）	江戶川亂步著	特價 230 元
14. 魔法博士	（精）	江戶川亂步著	特價 230 元
15. 馬戲怪人	（精）	江戶川亂步著	特價 230 元
16. 魔人銅鑼	（精）	江戶川亂步著	特價 230 元
17. 魔法人偶	（精）	江戶川亂步著	特價 230 元
18. 奇面城的秘密	（精）	江戶川亂步著	特價 230 元
19. 夜光人	（精）	江戶川亂步著	特價 230 元
20. 塔上的魔術師	（精）	江戶川亂步著	特價 230 元
21. 鐵人Q	（精）	江戶川亂步著	特價 230 元
22. 假面恐怖王	（精）	江戶川亂步著	特價 230 元
23. 電人M	（精）	江戶川亂步著	特價 230 元
24. 二十面相的詛咒	（精）	江戶川亂步著	特價 230 元
25. 飛天二十面相	（精）	江戶川亂步著	特價 230 元
26. 黃金怪獸	（精）	江戶川亂步著	特價 230 元

・武 術 特 輯・大展編號 10

1. 陳式太極拳入門		馮志強編著	180 元
2. 武式太極拳		郝少如編著	200 元
3. 中國跆拳道實戰 100 例		岳維傳著	220 元
4. 教門長拳		蕭京凌編著	150 元
5. 跆拳道		蕭京凌編譯	180 元
6. 正傳合氣道		程曉鈴譯	200 元
7. 實用雙節棍		吳志勇編著	200 元
8. 格鬥空手道		鄭旭旭編著	200 元
9. 實用跆拳道		陳國榮編著	200 元
10. 武術初學指南	李文英、	解守德編著	250 元
11. 泰國拳		陳國榮著	180 元
12. 中國式摔跤		黃 斌編著	180 元
13. 太極劍入門		李德印編著	180 元
14. 太極拳運動		運動司編	250 元
15. 太極拳譜	清・	王宗岳等著	280 元
16. 散手初學		冷 峰編著	200 元
17. 南拳		朱瑞琪編著	180 元

國家圖書館出版品預行編目資料

<珍貴本>陳式太極拳精選 / 馮志強編著 王潔整理
－初版－臺北市：大展，2002【民 91】
面；21 公分－（武術特輯；46）
ISBN 978-957-468-157-0（平裝）

1. 太極拳

528.972   91011286

<珍貴本> *陳式太極拳精選*　　ISBN:978-957-468-157-0

編 著 者／馮 志 強
整　　理／王　　潔
發 行 人／蔡 森 明
出 版 者／大展出版社有限公司
社　　址／台北市北投區（石牌）致遠一路 2 段 12 巷 1 號
電　　話／(02) 28236031・28236033・28233123
傳　　真／(02) 28272069
郵政劃撥／01669551
網　　址／www.dah-jaan.com.tw
E-mail／service@dah-jaan.com.tw
登 記 證／局版臺業字第 2171 號
承 印 者／國順文具印刷行
裝　　訂／建鑫印刷裝訂有限公司
排 版 者／弘益電腦排版有限公司
授 權 者／北京人民體育出版社
初版 1 刷／2002 年（民 91 年）9 月
初版 2 刷／2007 年（民 96 年）5 月　　　　　　定價／280 元

大展好書　好書大展

品嘗好書　冠群可期